云南史话

地方系列

云南省社会科学界联合会 组编

《云南史话》编委会

会泽史话

陈 晋 编著

云南出版集团
雲南人民出版社

图书在版编目（CIP）数据

会泽史话 / 云南省社会科学界联合会组编；陈晋编著 . -- 昆明：云南人民出版社，2017.11（2018.12 重印）
（云南史话 . 地方系列）
ISBN 978-7-222-16710-0

Ⅰ . ①会… Ⅱ . ①云… ②陈… Ⅲ . ①会泽县 – 地方史 Ⅳ . ① K297.44

中国版本图书馆 CIP 数据核字 (2017) 第 286382 号

出 版 人：赵石定
统筹编辑：马维聪
责任编辑：李东华　陈　亚
责任校对：段金华　余丽红
责任印制：洪中丽
装帧设计：赵　丹

会泽史话
huize shihua
云南省社会科学界联合会　组编
陈　晋　编著

出　版　云南出版集团　云南人民出版社
发　行　云南人民出版社
社　址　昆明市环城西路 609 号
邮　编　650034
网　址　http://ynpress.yunshow.com
E-mail　ynrms@sina.com
开　本　787mm × 1092mm　1/32
印　张　8.5
字　数　120 千
版　次　2017 年 11 月第 1 版　2018 年 12 月 2 次印刷
印　刷　云南商奥印务有限公司
书　号　ISBN 978-7-222-16710-0
定　价　29.00 元

云南人民出版社公众微信号

如需购买图书、反馈意见，请与我社联系
总编室：0871-64109126　发行部：0871-64108507
审校部：0871-64164626　印制部：0871-64191534

总　序

七彩云南，气象万千。

这里东连黔桂，西邻缅甸，北靠川渝，南望越南、老挝，是祖国大陆通往南亚东南亚、前出印度洋的枢纽和大通道。特殊的地理，悠久的历史，孕育了深厚的底蕴，创造了丰富多彩的灿烂文化，成为中华文化同南亚次大陆文化、东南亚文化交汇区域，是文化交汇、融合、多样性的现代范本。

这里山川纵横。横断山、哀牢山、无量山、云岭、乌蒙山等山系支撑起祖国西南辽阔的天空。这里碧水荡漾。滇池、洱海、抚仙湖、程海、泸沽湖、杞麓湖、异龙湖、星云湖、阳宗海等湖泊，像一颗颗璀璨的明珠，镶嵌在云南高原上。这里江河澎湃。金沙江、澜沧江、怒江、红河、南盘江、伊洛瓦底江等六大水流联通各民族共同的家园。这里是植物王国、动物王国、有色金属王国。这里气候温和、四季犹春，在中国是绝无仅有的宜居宝地。

这里历史悠久。元谋人从170万年前的远古走来。战国中晚期庄蹻入滇，第一次把楚文化与滇文化连接起来。秦开五尺道、汉习楼船，云南正式纳入祖国版图。唐宋时期，南诏、大理国文化唱响西南。元初正式建立行省。明清时期，云南经济社会得到长足发展。20世纪初，云南各族人民打响了护国战争第一枪，开始埋葬封建帝制。在抗日战争中，几十万云南各族儿女征战沙场，扬我国威！西南联合大学谱写了世界教育史上的奇迹。

在这片红土地上，传承着红色文化基因。走出了王复生、王德三等早期马克思主义播火者，走出了无产阶级军事家罗炳辉，《中华人民共和国国歌》的作曲者聂耳，马克思主义大众化的中国第一人、我们党思想理论战线忠诚的战士和学者艾思奇。20世纪30年代，毛泽东率领中国工农红军长征过云南，播下了革命火种。40年代后期，中国共产党领导下的滇桂黔边纵队与中国人民解放军，在极端艰难困苦的条件下英勇作战，迎来了新中国的诞生！

这一切，催生了一系列独具特色的历史文化：有史前文化、古滇文化、哀牢文化、爨文化、南诏文化、移民文化、护国文化、抗战文化、西南联大文化、红色文化。

这里是民族文化的富聚区，民族文化多样性的活态博物馆。26个民族中16个独有民族，15个民族跨境而居。民族文化丰富多彩、博大精深、底蕴深厚、特色鲜明。如彝族的毕摩文化、藏传南传佛教文化、傣族的贝叶文化、纳西族的东巴文化、哈尼族的梯田文化，等等，还有各种各具特色的丧葬、婚姻、服饰、建筑、节日、歌舞、生态等文化形态。此外还有各民族长期以来相互交融、相互学习、共同发展而产生的综合性文化，如茶文化、医药文化、烟草文化、驿道文化、青铜文化、石刻文化等，异彩纷呈，不胜枚举。

云南各民族优秀文化是中华文化的重要组成部分，是中华文化的瑰宝，是中华民族文化大花园中的奇葩！在长期的历史发展中，在红土高原上，形成独具特色的历史文化、地域文化、民族文化，其突出特点是多样形态、多元一体、和谐共生。各种文化，相互交融。佛教文化、基督教文化和伊斯兰文化并存（即使在同一宗教内，不同派别也和睦相处，如同为佛教，藏传佛教、南传上座部佛教和汉传佛教，亲密无间）、儒释道文化并存、原生态文化与现代文化并存、多民族文化并存。

在经济全球化、文化经济化、经济文化一体化的今天，文化既是社会生活方式，更是一种社会生产力，是各民族共同的精神家园。

“观乎天文，以察时变；观乎人文，以化成天下”（《易经－贲卦》）。习近平总书记指出：“要始终坚持道路自信、理论自信、制度自信，最根本的还有一个文化自信。”党的十九大报告提出：“要坚定文化自信，推动社会主义文化繁荣兴盛。”“没有高度的文化自信，没有文化的繁荣兴盛，就没有中华民族伟大复兴。要坚持中国特色社会主义文化发展道路，激发全民族文化创新创造能力，建设社会主义文化强国。”这是党中央赋予我们这一代哲学社会科学工作者的历史使命！承担起新时代这一历史使命，必须在新的实践基础上，用中国特色社会主义文化引领，推动文化的创新发展。必须深入挖掘传统文化资源，从中吸取历史智慧，引导云南各族人民树立正确的历史观、民族观、国家观、文化观，推动文化创造性转化。还必须为各族人民提供丰富的精神食粮，不断满足人民过上美好文化生活的新期待。

古人云：“虑不远不足以图大功，功不大不足以传永世”。云南省社科联为贯彻落实党的十九大精神，为传承、弘扬云南优秀传统文化，坚定各族干部群众文化自信，决定组织全省有关专家学者编辑出版“云南史话”系列丛书，分别为地方系列、民族系列、特色县市系列、民族文化艺术系列、重大历史事件系列五部分，每套丛书出版20种，共计100种。这是一项规模宏大的系统工程，计划用五年时间完成。通过本套丛书，我们将深入挖掘云南文化宝贵资源，认真梳理云南文化发展脉络，总结云南文化发展的特点及其规律，以期为增强文化自觉，坚定文化自信，牢记习近平总书记对云南人民的嘱托，闯出一条跨越式发展的路子，为努力成为民族团结示范区、生态文明建设排头兵、面向南亚东南亚辐射中心，谱写好中国梦的云南新篇章而奋斗！

是为序。

云南省社科联党组书记、主席　张瑞才

2017年10月

序

翻阅《会泽史话》，千年往事涌上心头。史前的会泽先民们，在古堂琅故地创造了耀人眼目的历史，积淀了丰厚的历史文化。彝族六祖分支，揭开了人类历史上彝族家族的大迁徙；诸葛亮“五月渡泸，深入不毛”①，虽没有“羽扇纶巾，谈笑间樯橹灰飞烟灭”②的潇洒与自如，却在滇东北大地上演绎了“七擒七纵”孟获的经典战例，诠释了“攻心为上、攻城为下”的真正含义；清雍正八年（1730），清政府数十年的改土归流通过武力镇压，在滇东北宣告成功。这里，闪烁着改土归流的刀光剑影；清雍正十一年（1733）8月3日，东川府发生强烈地震，山崩地裂，村庄移位，河水断流，山河失色；清同治元年（1862）冬，太平天国石达开部过会泽，没有占领当时的东川府城，却遭到了重创，揭开了大渡河全军覆没前悲怆的序幕。

清宣统三年九月初九[③]，云南“重九起义”，东川府悬旗响应，翻开了会泽在近代历史上精彩的篇章；1915年12月开始的护国战争，会泽虽地瘠民贫，却做出了巨大的贡献和牺牲，中学停办达数月之久，征调了几乎全部骡马保证运输；1935年5月，中央红军第九军团长征过会泽，1500多名会泽儿女踊跃参加红军，10万银圆馈赠红军；中华民族存亡之际，举全县之力支援抗战，追随滇军奔赴抗日前线，3000多名会泽子弟负伤，380多名会泽子弟血洒疆场，埋骨异乡；抗美援朝，会泽人民积极响应，300名会泽青年应征入伍，跨过鸭绿江，英勇无畏，奔赴朝鲜战场。

翻阅《会泽史话》，过往风流人物跃然眼前。刘汉鼎修筑娜姑铜运古道的善举，张允随开凿金沙江水道的壮举，鄂尔泰改土归流发动的历史大变革，崔乃镛建会泽石城，义宁筑义通河的善政……清朝200余年间，就有来自五湖四海的69名知府先后赴任东川；72名参将先后坐镇这里。自雍正以后到民国初年的190余年的时间里，会泽诞生了326名举人，不少人登科及第，培养出了“一门三进士”④的会泽籍俊才；14人留学日本，放眼世界。在近、现代的历史大变革中，一批批会泽籍英才纷纷登上历史的舞台，建功立业。进入军机处的云南第一人——李汝辑，把一生托付新疆边防的会泽人——牛时，卒于任上；与蔡锷、李烈钧并称“护国三杰”的护国元勋——唐继尧，打响云南“重九起义”第一枪的黄毓英，护国勇将邓泰中；仅有小学学历却自学成才的云南大学中文系教授——刘尧民，云南第一位留洋女博士——施莉侠；革命二英烈——蒋开榜、刘文明，为了革命，英勇就义；打响滇东武装起义第一枪的吴永康，身经百战的老红军黄少勇，为了革命，矢志不渝。

翻阅《会泽史话》，历史与现实熠熠生辉。汉置堂琅县，会泽就成为云南首批设立郡县的地区之一；会泽是采铜和炼铜最早的地区，三国两晋时期，会泽是有名的白铜之乡，白铜畅销全国，流入波斯；明清时期，会泽是滇铜的最大集散中心、铜产品加工与铸币中心，大量的铜运到北京铸钱局使用，会泽也因此享有“万里京运第一城”的美誉；“滇铜甲天下”，东川府（会泽）是中国当时名副其实的铜都。其时之会泽，车水马龙，商行鳞次栉比，寺庙、会馆星罗棋布，繁盛至极，时人称之为“滇省一大都会”，俨然一幅清朝版的《清明上河图》，犹如当代改革开放的深圳，被誉为“清朝特区”。

古堂琅的东川（会泽），地蕴五金[5]，铜韵绝唱；战争变革，风起云涌；知府知县，颇多善政；经师名儒，皓首穷经；医者仁心，悬壶济世；尊儒重教，人才辈出。及至近代，辛亥护法之英雄，护国运动之元勋，抗日牺牲之英烈，解放战争之志士，咸以抛头颅、洒热血，为我中华，保我边疆，救我国家，促我革命。其事迹与日月共存，共千秋而不朽，世代传扬，永放光芒。

中华人民共和国成立后，会泽百万儿女紧紧围绕建设“脱贫攻坚先进县”“高原农业特色县”“新型工业强县”“文化旅游名县”的发展目标，传承敢于牺牲、自强不息的革命传统。发扬“泽世担当、汇智图强”⑥的会泽精神，开拓创新，积极进取，勇往直前，义无反顾，投身于家乡建设。工业提质增效，农业做优做特，交通方便快捷，生态日益改善，城市优美宜居，教育跨越发展，旅游欣欣向荣，扶贫成效显著。在2020年即将到来之际，会泽将与全国一道全面建成小康社会，实现中华民族千年以来孜孜以求的梦想。

读史可以见微知著，鉴往察来。历史就是现实的一面镜子，可以照出得失利弊，成败荣辱，高尚卑微，历史轮回，世事无常，悲欢离合。读《会泽史话》，不仅可以了解一地之历史文化，还可获得精神的力量，增强前行的动力。

【注　释】

①〔五月渡泸，深入不毛〕出自诸葛亮《前出师表》。泸，泸水，即金沙江。深入不毛：深入不生五谷的未开发的地带。

②〔羽扇纶巾，谈笑间，樯橹灰飞烟灭〕出自宋朝

诗人苏轼的古诗作品《念奴娇·赤壁怀古》。羽扇纶(guān)巾：古代儒将的便装打扮。羽扇，羽毛制成的扇子。纶巾，青丝制成的头巾。樯橹(qiáng lǔ)：这里代指曹操的水军战船。樯，挂帆的桅杆。橹，一种摇船的桨。"樯橹"一作"强虏"，又作"樯虏"，又作"狂虏"。这句诗的意思是"手摇羽扇，头戴纶巾，谈笑之间，强敌的战船烧得灰飞烟灭。"

③清宣统三年九月初九，1911年10月30日。《易经》中把"九"定为阳数，九月九日，两九相重，故而叫重阳，也叫重九。云南"重九起义"又称辛亥云南起义。

④〔一门三进士〕指会泽县城东门街的卢芳林、卢丛林、卢成林三兄弟，依次考中秀才、举人、进士。卢芳林(？—1911)，光绪元年(1875)至京恩科试被取为进士，列为大挑一等。后派到海南澄迈、感恩、阳山等处任知县。卢丛林于光绪十五年(1889)考取二甲进士，叙翰林院庶吉士编修(即卢翰林)，后送选甘肃学台，奉诏未成行，就病故北京，奉旨回籍安葬。卢丛林不但考取进士，进而纳入翰林院编修，首创入翰林院先例。卢成林于光绪二十一年(1895)被授同知进士，后任放盐大使，于宣统三年(1911)病故。

⑤〔地蕴五金〕指会泽矿产资源丰富。五金即金、银、铜、铅、锌等5种矿产。

⑥〔泽世担当、汇智图强〕两句话的第一个字组合起来，就是会泽的谐音。会泽精神，共同的价值理念和认知取向，是会泽文化的积淀和升华。

目　录

一、富饶之地

（一）数水交汇之会泽

会泽县名为雍正五年（1727）东川知府黄士杰所命，黄士杰请求在巧家设会泽县，隶属东川府管辖。会泽县名的由来，取义于地理特征，巧家位于金沙江边，是东川诸水汇合处，泽是聚水的地方，所以叫“会泽”。会泽一词，含义丰富。东川知府义宁认为，会、惠相通，为泽惠于民之意。因境内小江、金沙江、牛栏江数水交汇而得名，有“汇集百川，泽润天下”之意。也因其地理位置位于“会川都督府以东（东川），府治临泽”得名。唐继尧在创建云南第一所高等学府东陆大学（云南大学）时，就以“会泽百家、至公天下”作为校训，且沿用至今。

会泽，地跨东经103°03′～103°55′，北纬25°48′～27°04′之间。位于云南省东北部，曲靖市西北部，地处三省五州（市）接壤地带。东邻宣威市、贵州省威宁县，南毗沾益县、昆明市寻甸县，西接昆明市东川区、昭通市巧家县，与四川省凉山彝族自治州会东县隔江相望，北与昭通市鲁甸县接壤。会泽县城距省会昆明市区 210 千米，距曲靖市区 148 千米。

会泽的地理形势，正如《雍正·云南通志》所称："地控金沙，临昭通之南面。峰高云露，绾省治之北门[①]。东接威宁，西通会理，内负江山之固，外接黔蜀之援。"

会泽县域面积 5886 平方千米，其中山区面积占 95.7%，县境东西长约 84 千米，南北宽约 138 千米。最低海拔 695 米，最高海拔 4017.30 米，平均海拔 2200 米。平均气温 12.7℃。常常是：山脚赤日炎炎，酷暑难耐；山顶云雾缭绕，寒气袭人。大海乡五月飘雪、七月飞霜屡见不鲜。真实写照是："一山分四季，隔里不同天。"日照时间长，年平均晴日 225 天。

会泽地处乌蒙山主峰地段，80 多年前，一代伟人毛泽东就写下了"乌蒙磅礴走泥丸，金沙水

①（绾 wǎn）控制，掌握。

拍云崖暖”[①]的著名诗句。会泽山高谷深，沟壑纵横，物产丰富，是滇东北的一颗璀璨明珠。

人们把会泽的地形地貌概括为“三坝、两槽、五大梁子”，即金钟、者海、娜姑坝子，迤车、乐业槽子，大海梁子、大桥梁子、驾车梁子、火红梁子和马路梁子。金钟、者海、娜姑坝子平坦开阔，气候宜人，皆是理想的建城之地。

依据会泽的山川和河流走向，会泽城的祖山是牯牛山，主山是灵璧山，左山为凤凰山，右山为翠屏山，案山是青龙山。故背靠灵璧、面向蔓海建城，符合中国传统建城标准，于是在金钟坝子选址建城。

会泽海拔最低点——小江口

① ﹝乌蒙磅礴走泥丸，金沙水拍云崖暖﹞出自毛泽东《长征》诗词。大意是广大无边的乌蒙山如同脚下滚动的小泥球，金沙江的滔滔江水拍打着两岸高耸入云的山崖。

坐落于金钟坝子的会泽县城，周围是有名的“会泽十景”，按东、南、西、北、中依次分布，分别是翠屏春晓、饮虹云阵、金钟夕照、龙潭映月、龙募桃花、温泉柳浪、石鼓樵歌、青龙残雪、水城渔笛，蔓海秋成。有诗曰：“翠屏虹饮吸龙潭，柳浪桃花绿转丹。石鼓金钟有余韵，蔓青深处笛声寒。”[①]才华横溢的东川知府蔡元燮，从政之余纵情山水，一景赋诗一首。充满诗情画意、文化内涵的“会泽十景”无疑给这座城市平添了许多文化亮色。

（二）云南的资源大县

会泽是云南的人口大县。会泽县辖大海、老厂、五星、大桥、纸厂、马路、火红、新街、雨碌、鲁纳、上村、驾车、田坝13个乡，娜姑、迤车、乐业、者海、矿山、大井、待补7个镇，宝云、古城、金钟3个街道办事处，15个社区357个村民委员会，4个居委会。2016年底，全县总人口104.46万人，在云南省129个县（市、区）中，是第三人口大县。

① 出自《光绪东川府志卷至四·艺文·诗》（校注本）第571页，作者史光华，光绪十五年（1889）乙丑恩科举人。恩科始于宋，明、清亦用此制。清代于寻常例试外，逢朝廷庆典，特别开科考试，也称“恩科”。若正科与恩科合并举行，则称恩正并科。

人口分布极不均匀，槽坝地区人口稠密，高寒山区人口稀疏。农业人口90.42万人，占总人口的86.56%。

会泽土地资源类型多种多样。山地多平地少，垂直变化突出。土地总面积887万亩，山地占总面积的96%，万亩以上的平地主要分布在金钟坝子、者海坝子、娜姑坝子、乐业槽子和迤车槽子。

会泽矿产资源富集。已探明的矿产资源储量为：磷矿20亿吨，铅锌矿152万吨，铜矿8765吨，大理石1亿立方米，石膏80万吨。重晶石、铝土矿、钴土矿、耐火泥等均有一定储量。是世界知名的锗生产基地，中国著名的铅锌生产基地，云南省最大的磷矿基地。

会泽动植物种类繁多。有主要植物400多种。珍稀植物有银杏、铁杉、黄杉、樟木、黄连、茯苓、草乌等。果本有102种，人工栽培利用的有91种，主要适宜植林树种有119种。百年以上的古树21种。主要动物50多种。大桥片区和长海子片区属黑颈鹤国家自然保护区。

会泽水资源极其丰富。境内河流均属金沙江水系，金沙江因上游盛产金沙而得名，古代又称丽水。小江、牛栏江、以礼河及其41条支流纵贯全县，其它河流74条。会泽境内河流水源主要靠降水补给，蓄水量随降水量的变化而变化。全县年均降雨总量54亿立方米。境内地形复杂，山峦起伏，全县大小河流入境水量14亿立方米，出境水量38亿立方米。县内主要河道水能理论蕴藏量为165万千瓦，可开发97万千瓦。已开发的水资源年发电量42亿千瓦时，尚有50%以上待开发。地热资源点多面广，在金钟、娜姑、者海、纸厂等地已发现温泉，水质较好，含硫等多种化学成分。

会泽自然风光优美。大自然的鬼斧神工为会泽造就了特有的自然景观，磅礴的乌蒙山，滔滔的金沙水，神奇的大地缝，美丽的大海草山，如诗如画的以礼河，百鸟来朝的地方大桥，亚洲第一大土坝毛家村大坝，国家级黑颈鹤自然保护区“念湖”，优美的自然风光和罕有的立体气候，深深地吸引着八方宾朋。

会泽是云南省第59个革命老区，云南省文化旅游特色县，全国文物工作先进县。1995年，娜姑镇被评定云南省历史文化名镇，2005年11月，娜姑镇白雾村被评定为中国历史文化名村；1995

年，会泽列为云南省省级历史文化名城，它是中国会馆最多的县城，享有“会馆之城”“钱王之乡”的美誉。2013 年 5 月，被国务院列为国家历史文化名城，成为中国第 121 座历史文化名城。

毛家村大坝

二、岁月沧桑

（一）从堂琅到会泽

会泽历史，源远流长。据金沙江流域和小江沿岸出土的新石器时代的文物考证，在新石器时代，这里就有古代先民的足迹。

远古尧舜禹时代，为“荒服之地[①]。一个距离王畿二千五百里之外的地区，根据习俗进行管理，不通朝中政教。夏、商时期，为九州[②]之一的梁州辖地。

西汉建元六年（前135）汉武帝设犍为郡，置堂琅县，堂琅县属犍为郡管辖，会泽始有县治。犍为郡，领县十二，治所在今四川宜宾市。堂

①（荒服之地）古“五服”之一。离京师2000到2500里的边远地方。亦泛指边远地区。

②（九州）指冀、兖、青、徐、扬、荆、豫、梁、雍，会泽属雍州管辖，故有“雍州故地，堂琅旧址”之说法。

琅[①]“因山名也”，因东川境内有螳螂山而得名。堂琅县包括今天的巧家、会泽、东川。会泽成为云南首批设立郡县的地区之一。

西汉元鼎六年（前111），郭昌、卫广平定南夷，置越巂诸郡，设三绛县。会泽属三绛县[②]，三绛县的县境相当于古代东川的一半，云南北部、东部置于汉王朝的统治下。

东汉永初元年（107），对犍为郡区划进行了调整，堂琅县被裁撤，并入朱提，与此同时，把朱提、汉阳两县（今贵州威宁、水城）从犍为郡划分出来，作为“犍为属国”，设立犍为郡国都尉，掌握地方行政，治所设在朱提县。

公元220–280年，是我国历史上的魏蜀吴三国鼎立时期。当时，今云南、贵州和四川西南部被称为“南中”，蜀汉政权在犍为郡国都尉的基础上成立了朱提郡，下辖5个县，东汉时裁撤的堂琅县重新设立。

①（堂琅）据东晋常璩撰写的《华阳国志》所载：“堂琅县因山名也，出银、铅、白铜……”“益州西部（今滇东北一带）乃金银宝货之地”。自明代开发、清代、民国发展，至1949年，数百年来，其间官办、官督民办、官商合办等经营方式交替出现，时兴时衰，绵延不断。

②（三绛县）林超民《云南郡县两千年》考证为今四川会理的黎溪镇。

西晋王朝建立以后，继续加强对云南的统治。但由于剥削加重，宁州大姓遂与四川李雄成国政权联合起来，打着“恢复蜀国”的旗号，反对晋朝，李雄封李寿为建宁王统治南中。西晋建兴二年（314）归南中李雄成国。

南朝宋武帝永初元年（420）属宁州。隋文帝时属恭州辖县，堂琅县未见变更。

唐武德四年（621）置唐兴县，蕴含唐朝兴盛之意。贞观时期，唐王朝扶持蒙舍诏统一“六诏”，建立以洱海为基地的“南诏国”，诏主皮罗阁被封为“云南王”，南诏历传13王，统治200余年。南诏蒙世隆时置东川郡。“居于会川（今四川会理）之东”，故名“东川”，东川一词正式列入史册。

宋段思平灭南诏建大理国，置东川大都督，为六节度之一。公元1117年，宋朝封大理首领为“云南节度使”，政治中心在洱海区域，以大理为都城，相传22世，共统治316年。后乌蛮郡闷畔强盛，会泽为东川郡闷畔部。闷畔有闭塞偏远之意，管辖今巧家、会泽和东川。

公元1253年，忽必烈率军征云南，破大理国。公元1276年，元朝正式建云南行中书省为全国11个行省之一，从此，“云南”正式作为省级行政区。在会泽设闷畔万户府，至元十五年（1278）改称闷畔军民总管府，隶属乌撒乌蒙（昭通、镇雄）等处宣慰司；至元二十八年（1291）改立东川路，属云南行中书省。

明洪武十四年（1381），朱元璋派遣傅友德、沐英开拓云南边疆，彝族土酋禄鲁祖望风归附，授东川土知府，隶属云南布政司，土知府治所在今天的会泽县金钟街道乌龙募村。洪武十六年（1383）东川府发生叛乱，平叛后，改为东川军民府，划归四川管辖，隶属四川川南道。洪武二十一年（1388）禄氏土官家族发生叛乱，随后东川军民府被废除，禄氏土官也被罢免。5年后东川重新获准设置军民府，原土知府摄赛又官复原职。这场叛乱对乌龙募东川府治所造成了严重的破坏，东川军民府治所被迁移到金钟坝子北边的水城村，府治前山后水，左右围栅，“伐木为栅，以卫府治。”[①]水城村作为东川府的治所，一直到清康熙三十八年（1699）改土归流以前。《东川府志》记载：“东

①〔伐木为栅，以卫府治〕砍伐树木作为栅栏，用来保护府邸。

川自元明以来，虽经建置，叛服不常，羁縻而已。”[①] 由于战乱，东川府城在会泽坝子里迁移过不少地方。

清顺治十六年（1659）东川土府内附[②]。康熙三十八年（1699）“改土归流”[③]设东川府。东川土知府城在禄氏家族激烈的夺印战火中变得残破不堪，东川历史上的第一任流官王永玺到任后决定另选地址重建新城，最终王永玺选中了位于灵璧山下、今天会泽县城所在的这片地方建设新的东川府城。今天会泽县宝云街道的土城村，就是因筑土城而得名。这座云南、四川、贵州捐资修建的土城很大，但比较粗糙和简陋，从《东川府志》的记载中就可以看出，康熙四十一年（1702），知府萧星拱“以土城空旷难守，乃于东门内截筑土城，退三十余丈。日久多崩圮[④]，雍正八年，禄良正叛，几不能守。”

---

①〔叛服不常，羁縻而已〕叛服，叛变或顺服；不常，不固定。羁縻（jī mí），笼络，怀柔。一方面“羁”，用军事手段和政治压力加以控制；另一方面用“縻”，以经济和物质的利益给予抚慰。

②〔内附〕归附朝廷。某地本身是朝廷的属国，而后去国降阶，自请设立行政单位，是为内附。

③〔改土归流〕是指改土司制为流官制，又称土司改流、废土改流。始于明代中后期，是指将原来统治少数民族的土司头目废除，改为朝廷派任流官。土司即原民族的首领，流官由朝廷委派。

④〔崩圮（bēng pǐ）〕塌毁。

雍正四年（1726），东川、乌蒙、镇雄三处地方划归云南布政司，东川新任知府黄士杰到任，上书请求设会泽县，治所在龙格（今巧家县白鹤滩镇巧家营村），雍正五年（1727）获准。添设会泽县知事一名。

雍正六年（1728），由于巧家地僻人稀，会泽县刚刚成立一年，治所就迁移至东川府城中（今会泽县城），县衙与府署同城。

雍正八年（1730）庚戌之变后，清王朝对东川府进行了彻底的改土归流。东川石城于雍正九年（1731）4月12日动工修建。

乾隆六年（1741）为方便金沙江水运额定京铜，把四川宁南披沙21个村寨划归东川府会泽县，称庆城里。嘉庆十六年（1811）增设巧家厅，会泽县将归治、善长、向化、庆城等四里划归巧家厅管辖。

民国2年（1913）裁东川府改名东川县。巧家厅改为巧家县，属滇中道。民国8年（1919年）恢复会泽县名。民国37年（1948）会泽县改隶云南省第二区（曲靖）行政督察员公署，后又改属昭通专区管辖。

1949年12月7日，会泽县临时人民政府成立，隶属昭通专区。1950年5月18日，会泽县人民政府正式成立。1953年，从会泽县划出新村、汤丹、因民、布卡、集义、乌龙等区（乡），设立云南省属东川区；东川因丰富的铜矿资源于1958年10月设地级东川市并撤会泽县并入东川市；1964年12月15日恢复会泽县建制，改隶曲靖市管辖至今。

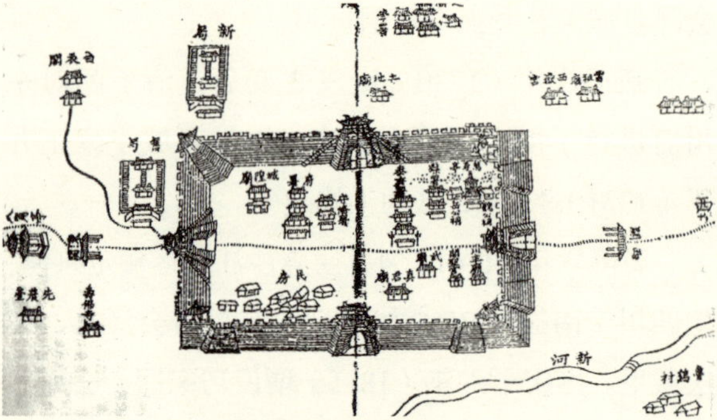

清代会泽城关图

（二）彝族六祖分支

《西南彝志》[1]记载：

当笃慕之世，大地的四方，

---

① 《西南彝志》是一部古代彝族最古最全的百科全书。该书从开天辟地写起，记述彝族历史长达数千年，对彝族各支、当地的汉族以及各兄弟民族的历史，均有记载。上半段引自《西南彝志》第167页，下半段引自145页。

地坑喉咙开，洪水四处涌，
人类全淹没，惟笃慕保生。

笃慕生六祖，得上天保佑，
六祖创基业，固定了根本。

彝族的始祖笃慕，即“阿普都木”的“都木”别译，“阿普”义为祖先。在原始的氏族时代，距今万年以上，天降大雨，洪水泛滥，人们失去了生活依托。据传彝族的共祖笃慕率领他的子民逃离灾区，避居于滇东今会泽县（旧属东川府）的乌蒙山区的四罗尼山冈。在这里，阿普笃慕有了6个儿子。若干年后，六子繁衍后代，逐步形成了武、乍、糯、恒、布、默6个部落，由于人口众多，必须寻找新的生存之地。因此，在阿卜笃慕的主持下，祭祀祖先神灵，举行迁居仪式。由他的6个儿子率领6个部落的人群向不同的3个方向走去。武、乍两个部落往云南西部、南部迁徙；糯、恒两个部落往云南东北部的昭通、川西南凉山州及川南宜宾地区一带迁徙；布、默两个部落一部分留在会泽、东川，一部分往曲靖、宣威、沾益和黔西北地区毕节、赫章、威宁和广西隆林方向迁徙。

近年来，一些学者根据“六祖分支”的路线，“乐尼白”“尼洛白”和“兹兹蒲武”的彝语地名意思及周围的景物特征、地理位置、物产等进行考证，进一步指出彝族“六祖分支”的具体地点就是今天会泽的乐业。也有的学者认为彝族“六祖分支”的具体地点是在东川的洛尼山（罗衣山），今东川的九龙山。

六祖分支是彝族发展史上的一次重大历史事件。在彝族古代“六祖分支”的传说中，东川（含会泽、巧家、东川）不仅是中国彝族历史上的一个重要的迁徙地点，也是现在彝族的一个分布中心。六祖沿着江河河谷、山脉自然走向，各自去开辟新的基业，建立新的部落，由于彝族先民首先使用了青铜兵器，所以所向无敌。他们掳俘为奴，促使生产逐日上升，为向外拓疆提供了物质基础，并渐次分布到滇、黔、川、桂广大地区，形成“西南夷君长以什数……”[①]之势，彝族为古西南夷主

① （西南夷君长以什数……）出自司马迁《史记·西南夷列传》“西南夷君长以什数，夜郎最大。”意思是西南夷计算君长的时候要以十作为计算单位，其中，夜郎所拥有的势力是最大的。

体，在西南地区世代相传，迁徙、演变、发展，从古至今。

彝族最早创造的十月太阳历①，能与玛雅文明媲美；彝族最早创造和缔造了自己的文字，是使用甲骨文的先驱。著名的彝族史学专家刘尧汉在《文明中国的十月太阳历》一书中阐明了："中国文明的源头在金沙江南北两侧的哀牢山、乌蒙山、凉山。"②

作为彝族六祖分之地的会泽，彝族始终是会泽历史上居住时间最早、最久的土著民族。在世居彝族中，禄氏是中国西南地区彝族中最大的支系默部德施氏（即穆齐

古老的彝族文字

① 彝族太阳历一个月 36 日，一年 10 个月分为 5 季。一季两个月，双月为雌、单月为雄。它以太阳运动定冬夏，北斗柄指向定寒暑；它一年各月的日数整齐，季节准确，其科学性优于现行公历，其历史悠久达万年以上。

② 出自刘尧汉《彝族文化研究丛书·总序》第 15 页。

齐）的后裔。唐初，分布在滇东北地区的彝族先民——乌蛮，经过不断的繁衍发展和势力角逐，逐渐形成了六大部落，这些部落是最早见于史载的滇东37部的成员。其中，坐落于竹子岭以西的卢鹿蛮部，就分布在后来的东川（会泽）红土地上，东川禄氏土司的祖先即为卢鹿蛮部——后来的闷畔部的部落酋领。禄氏在东川“土司制度”的历史长河中，一直居于统治地位，成为一方诸侯，雄霸一方，先后达2000多年，最后在“土官”向“流官”的变迁中，终于结束了自己的历史使命，并逐渐走向衰落，归于沉寂。

（三）会泽古代的少数民族

彝族是东川历史上居住时间最久的世居民族。东川自古以来就是夷疆，居多板屋，习素剽悍[①]，大多过着牧猎生活，“暖则登山，寒则就水”[②]，随水草畜牧，夏处高山，冬入深谷，过着典型的游牧生活。

隋朝至唐代中叶，爨分为东爨和西爨，居住

---

①（居多板屋）以木板为墙壁，以茅草覆盖房顶的房屋。

②（暖则登山，寒则就水）出自《乾隆东川府志卷之四·疆域·边要附》，滇东北为立体气候，描写的是彝族当时随季节而迁徙的生产生活情境，为典型的立体游牧方式。

在东川境内的爨族属于东爨，东爨又叫“乌蛮”或“黑爨”；明、清之后“乌蛮”又被称为“罗罗”，“黑爨”又叫“黑罗罗”，是今天彝族的支系，分布最多，也最广。

会泽自秦、汉才有外来人口进入。在《史记》《汉书》里面记载，云南是一个金银宝货之地，为官者富及十世。一些人从中原来，有技术、有文化，很快就发展起来。在南中不仅拥有屯田，而且拥有屯田户，在云南逐步建立起经济、政治、军事上的势力，成为拥有武装的独霸一方的地方当权派。譬如爨氏，成为南中大姓首族，为中原移民形成的汉姓大族，在云南统治了400多年的时间。

南诏击败了爨氏以后，就用兵把爨氏的20万户从曲靖、滇池往西边迁，迁到永昌城，使他们脱离原来的地方去充实西部，这是南诏时期一个最大的移民过程，通过这样移民削弱了爨氏的势力，也促进了云南的人口交流和民族融合。后来就剩下一部分就变成了分散的很多的部，见于记录这一部分的有37部。爨人以叟为主体，是夷化了的汉人，汉化了的夷人。

南诏、大理至元明清时期，直到雍正五年

（1727）改土归流之前，彝族是当时东川境内的主体民族。彝族有黑彝、白彝、干彝之分；又有鲁机、孟人之别；还有地域之分，如位于今天四川会东、宁南的披沙族，乾罗罗、鲁机族属于东爨乌蛮部族，后逐渐分离出来，形成单独的少数民族。

孟族，传说是三国蜀汉时孟琰的部族，其后成为彝族的一个支系。孟琰，字休明，朱提人。诸葛亮南征，他出仕蜀国，官至辅汉将军。明清之际，在会泽金钟山下还留有为他修建的祠祀，后移居宝云街道办事处的华宜寨。东川知府冯誉骢为此曾写诗曰："丞相威名万古垂，更推贤守控南维。金钟山下余香火，一抹斜阳孟琰祠。"彝族在秦、汉时期称为"昆明族"，六朝时期称为"夷人"或"昆、叟"。乾隆《东川府志》记载，东川有爨族，并自称是战国时楚将庄蹻[①]的遗种。

彝族历史上有本民族的语言，被称作"爨文"即老彝文，今天使用的新彝文。中华人民共和国

①（庄蹻(？－前256)）一作庄豪，又作庄峤。史载系"楚庄王之苗裔"，楚国将军，战国时楚国人。在他生平当中有两件大事，一是反楚起事，二是入滇，庄蹻作为有史料记载的中国内地第一个开发云南边疆的历史人物，将楚国的先进文化和生产技术带到滇池地区，是史上第一个云南王。

成立后，统一称为彝族。彝是鼎彝的“彝”，从汉文字义上讲，有庄重古老、丰衣足食之美意。现在，彝族主要分布在云南、四川、贵州、广西等省区，其中云南最多，全省绝大部分县、市都有彝族分布。

历史上，白族一直被称为“僰人”和“白蛮”，自称民家。白族作为东川最早的世居民族，由于民族同化因素，原来留在东川境内的僰人，被彝族所同化。现在居住在东川境内的白族是清代以后才新形成和陆续移入的。

僰在《史记》和有关的文献中提到，最先居住在现在的岷江的上游，逐渐的往南走，到了现在的宜宾一带，建立了僰侯国，古代宜宾又叫僰国，东川作为犍为郡管辖的堂琅县，地处僰道线上，僰道从宜宾开始，往南延伸，直到今天红河州北部，长约2000公里，当然有僰族居住。僰族是当地少数民族经济、文化发展最高的民族，衣食富足。北魏郦道元《水经注·江水》引《地理风俗记》说：“（僰），夷中最仁，有人道，故字从人。”

古代东川的苗族从外地迁入的时间应该晚于

僰、爨，被僰、爨族统治。秦汉时期分布在汉水中下游，被称为“荆蛮”，六朝时期主要分布在湖南西部，被称作“武陵蛮”。乾隆《东川府志》记载，东川的苗族为有苗氏的后裔。传说苗族是奉禹帝、秦王之命，远征来到会泽的。苗族有自己的语言文字，“其字书与罗罗（彝族）大同小异”。从明代以后苗族从湖南，贵州迁入云南。

早在公元前三世纪，居住在今广西、云南的壮族就和当时中原人民有了较为密切的交往。壮族自称和他称较多，仅云南就有40多种，主要有“侬人”“沙人”“土僚”等称呼。云南壮族和广西壮族同源，是我国历史较悠久的一个民族。

会泽的蒙古族，是随忽必烈征战遗留在云南的蒙古族后裔；现以农耕为主的满族原是北方的民族，多数是清代到会泽。

在雍正、乾隆时期，朝廷对滇东北地区推行“改土归流”政策，频繁用兵，许多山东、河北、四川的回族士兵、将领在川、滇、黔三省交界地区驻防，最后在滇东北落籍生根，在昭通、鲁甸、会泽、巧家等地发展起许多回族村镇，滇东北于是成为云南回族较多的地方。

吹奏唢呐的彝族

朱元璋在云南大规模的屯田开发，内地来的人占到了71%以上，从而改变了云南夷多汉少的情况。明代200多年间，汉族移民，从“寄籍”变为世代定居的“土著”，从外来的客户变成本地的主人。土著的夷人与土著化的汉族移民相互依存、相互交流、相互帮助、相互融合，历史上一直由蛮夷为主的地方，到明代后期外地的这些客籍也成为当地人。

明代的屯田主要是在坝区，清代大量的屯田就扩展到了山区。在会泽，特别是铜的开采、京运、冶炼、鼓铸，大量移民涌入会泽，形成了“十里不同风、百里不同俗”的景象。

现在，会泽是一个多民族县，有汉、回、彝、壮、苗、白等26个民族[①]。少数民族占全县总人口的5%左右，在少数民族中，以回、彝、壮、苗、白族居多，全县人口最多的少数民族是回族。各乡（镇）均有少数民族居住，形成大杂居小聚居的民族分布，各民族和睦相处。回族聚居比较集中的新街乡，是全县唯一的少数民族乡。

（四）白铜之乡

白铜是铜和镍的合金，因具有银白色的光泽而得名，它银光闪烁，极耐腐蚀，几乎不生锈，被誉为“中国石”。三国两晋时期，堂琅地区冶金事业方面有一项伟大的科技成就，即白铜的制造。东晋穆帝永和三年（347），常璩最早把东川产白铜记入《华阳国志》：“堂螂县，因山名也，出银、铅、白铜。”[②]这是古代中国领先于世界的伟大科技成就。

---

①会泽有汉族、回族、彝族、壮族、苗族、白族、纳西族、满族、哈尼族、布依族、藏族、傣族、蒙古族、瑶族、土家族、拉祜族、仡佬族、水族、傈僳族、佤族、景颇族、土族、普米族、侗族、黎族、维吾尔族等26种民族。

②（白铜）银白色的铜，实为铜和镍的合金。这是人类历史上第一次关于白铜生产的记录。

汉武帝建元六年（前135），大汉王朝雄心勃勃，进一步开疆拓土，在云、贵、川三省交界处设置犍为郡，“犍为郡领县十二”，其中的堂琅县就是今天的会泽县。

堂琅铜洗[①]闻名于世，是古堂琅会泽青铜文化历史最具代表性的实物。在中国历史博物馆里珍藏的堂琅铜洗均为国家级最为珍贵的文物，它是中国青铜文化历史的重要实物佐证。铜洗内底部铸有“永元二年堂狼”之篆书阳文。

此外还有在国内各地出土有铭文的堂琅铜洗就不再一一列举。传世和出土的目前尚有26件，均有铭文和图案。铭文为篆书，古雅质朴，注明制作的时间和地点。花纹有双鱼纹和羊纹等，含有吉祥如意、富贵有余等意。图案想象力丰富，庄重典雅。

《新纂云南通志·金石考二》说“汉代铜洗见于金石书著录者已数百器，其铭文之有地名可考，则以朱提堂狼所造为最多。朱提堂狼为今昭通会泽。”在《诸葛亮集》引《郡国志中》也提到：

①（堂琅铜洗）汉代东川用铜生产的盥洗用的器皿，类似后世的脸盆。铜洗最早出现于战国晚期，汉代最为流行。

“汉嘉金，朱提银，采之不足以为食。”

会泽的堂琅铜洗继承和发展了薄壁铸造技术，闻名全国，以其产量高、质量好而畅销全国。从器皿上的铭文不难看出，东汉章帝建初元年（76），东川铸造的堂琅铜洗问世，止于东汉灵帝熹平元年（172），堂琅地区冶铜业的鼎盛期为公元一世纪中叶到二世纪中叶，持续了100多年。

白铜沿丝绸之路传入波斯，波斯人称之为“中国石”。其后，白铜又经过波斯传入欧洲，彼时的欧洲贵族以得到一套中国的白铜餐具为荣，在中国的影响下，十八世纪欧洲人提炼镍才获成功。会泽也因此成了有名的白铜之乡，早于欧洲15个世纪。

元代，云南铜产量跃居全国前列。到清朝中叶，会泽县城就已是远近闻名的铜器加工基地，生产加工铜器的有盈仓街和铜匠街两条街道。

民国时期，县城的铜器制造户达30余户。此时，会泽的城乡居民

汉代会泽生产的堂琅铜洗

使用白铜的情况十分普遍，脸盆、香炉、烛台、神灯多为白铜制造。

（五）天南铜都

会泽是历史上中国主要的铜产区，早在3000多年前的商周晚期，会泽的铜运也就开始了。河南安阳妇好墓出土的商代青铜器，经中国科技大学自然科学史研究室铅同位素比值测定，认定铜料来源来自云南东川、会泽等地。会泽也是采铜和炼铜最早的地区之一。

先秦时期，滇东北是中国的铜材基地。

明清时期，会泽是滇铜的最大集散中心和铜产品加工与铸币中心。大量的铜运到北京铸钱局使用。会泽也因此享有“万里京运第一城”①的美誉。“滇铜甲天下”，东川府（会泽）是中国当时名副其实的铜都。

在乾、嘉时期，年最高产量达1600万斤以上，每年清政府额定运往京城633.14万斤，占全省京运铜的80%以上。会泽所产之铜，除部分供县城宝云新、旧两个铸钱局70座炉子鼓铸外，大部

①（万里京运第一城）历史上的东川府，是铜料运抵万里之遥北京所经过的第一座府城，故称之。

分经昭通达泸州进入长江，转经京杭大运河抵达北京，形成滇铜万里运京城的壮丽景观。此后的100多年时间，会泽铜冶业产量之高，数量之大，持续时间之长，运程之遥，道路之险，对外影响之深远，贡献之大，在中国乃至世界冶金史上都十分罕见。

从清康熙三十八年（1699）开始，随着“湖广填四川”[①]大规模移民大潮，湖广、江西等地的汉民大量涌入会泽。外籍客民为了安全和经济利益能够得到保障，纷纷以同乡结党兴办同乡会馆，以同业协会举办同业庙会，以宗教同宗建立各类寺庙。一个县城竟先后建起会馆寺庙108座。这么多的会馆寺庙，充分体现了当时的东川府经济发展达到了极高的水平。

乾隆五十八年（1793）9月12日，乾隆皇帝御笔题赐东川府（府治在今会泽县城）矿神庙“灵裕九圜”匾一块，以表彰东川府对大清朝廷的巨大贡献。

---

①〈湖广填四川〉是指发生在清朝的一次大规模的移民。元末明初和明末清初，重庆、四川经过战乱，导致人口急剧减少。因此从中央到地方各级官府采取了一系列措施吸引外地移民，其中湖南、湖北、广东等地大举向四川移民。

清同治十三年（1874）还成立了“东川矿务股份公司”，使会泽成为云南商贾实行资本组织形式最早的地区。

据《东川府志》记载：“民夷商贾，四方辐辏云集，食货浩穰，屹然一都市。”[①]因铜的开采、冶炼、鼓铸、京运，促进了经济和文化的繁荣，寺庙、会馆鳞次栉比，四合五天井院落遍布。乾隆初叶，会泽石城已形成了十八条街巷的格局。以十字街为中心，向四周延伸的东西直街和南北直街是主要的商业区。玉花楼、大雅楼、月星楼、望雅楼等高楼林立，酒帘飘飘，茶香怡人；“福昌祥”“荣兴号”“溯源堂”“中和堂”等店铺兴隆，名噪一时；花生行、糖行、米行、油行等开门揖客，一应俱全；米市街、义仓街、卖鱼街等，吆喝声此起彼伏，不绝于耳。无数的小商小贩，在老街两边各据一摊，各色小吃琳琅满目。街上人流不断，商贾络绎，南腔北调、南来北往。可谓“五方杂聚，

---

① 民夷商贾，四方辐辏，食货浩穰，屹然一都市）出自云贵总督刘藻为《乾隆东川府志》所题写的序言中。辐，连接车辋和车毂的直条，车辐、辐条。辏，车轮的辐聚集到中心，引申为聚集。辐辏（fú còu）：集聚拥挤。四方辐辏，从各方聚集的意思。食货：食和货，粮食等食物和钱财、货物。浩穰（hào ráng）众多；繁多。屹然（yì rán）：高耸貌。

百物竞流，商贾辐辏，酒旗茶旌，辉映相望”，“俨然一都市”。

其时会泽，车如流水，马似游龙，商行鳞次栉比，会馆星罗棋布，繁盛至极，时人称之为“滇省一大都会”。

乾隆皇帝御笔题赐东川府矿神庙匾

（六）钱王之乡

会泽称“钱王之乡”，因藏有“嘉靖通宝”开炉纪念币而得名。

明嘉靖三十四年（1555）于云南造钱，是云南铸币的开始。为纪念开炉，特用黄铜铸造了一枚“嘉靖通宝”，堪称“钱王”。清雍正十二年（1734），会泽成立“宝云”铸钱局时，这枚“钱王”就收藏于铸钱局“东川宝云局”。每逢佳节喜庆之日，就将这枚大通宝悬挂于牌坊中央，喜庆过后，便又将其取下收藏好。

“嘉靖通宝”为圆形方孔铜钱，直径58厘米，重41.50千克，厚3.70厘米。币面铸“嘉靖通宝”四字，每字边长7厘米，对读，为魏碑书体。“嘉靖通宝”堪称世界金属币之最，是世界上最大、最重、最厚的古钱币，国家一级文物，实至名归的世界“钱王”。在此之前，江苏省江阴县的“咸丰重宝”、湖南省博物馆收藏的太平天国的“圣宝”大钱，号称最大、最重的古钱币，但无论直径、重量、铸造历史都不能和“嘉靖通宝”相提并论。2002年6月18日，上海大世界基尼斯总部颁发证书，认定“嘉靖通宝”为大世界吉尼斯之最。

“嘉靖通宝”外圆内方，浑厚朴拙、古意盎然。“嘉靖通宝”反映了会泽乃至整个中国铜业的辉煌历史。“嘉靖通宝”是会泽明清时期冶铸技术、经济文化发展及交流的实物，是会泽铜开采、冶炼、鼓铸的“说明书”。

通宝，旧时中国钱币的一种名称，始于唐代，以后历朝历代沿用。历代天子登基，往往改铸铜钱，在“通宝”前面冠以年号、朝代或国名，铸于币面，烙上王朝的印记，作为昭告天下的标志。

从出土的铜钱看，东川府制钱铸有“通宝”二字的有“乾隆通宝”“嘉庆通宝”“道光通宝”“咸丰通宝”“同治通宝”“光绪通宝”“宣统通宝”“民国通宝”等。

会泽位于川滇铜矿区，是主要的产铜基地。与东川交界的山区，是境内主产铜区，曾分布着大大小小数十座矿厂。各矿厂所开采的铜矿，初冶成锭后，将其送往县城大铜店（耐火材料厂）集中，再由大铜店分发于各路，人背马驮至水运船上，经昭通直往泸州，入长江进瓜州，经大运河直抵北京。清代，大的矿厂有矿工数万，小厂也有数千，最大的汤丹厂，则有10余万人之多。铜资源的大量开采，为铸钱提供了充足的原料。

清军入关后，首先在工部和户部设立“宝源”和“宝泉”两个中央造币厂，这两个造币厂铸造了清代历朝钱币。清代云南是铸钱重地，清政府在云南设立了一系列的铸钱机构，以维持清政府的货币流通和财政，清代云南的铜还运至四方铸钱。

清雍乾时期，会泽设有新、旧“宝云”两个铸钱局，这是仅次于北京中央铸局的“中国第二大铸钱局”，铸造后来，这两个钱局改称“宝东钱局”，铸造钱币前后历时 200 多年，一直延续到民国初年。会泽铜业在清廷国家财政金融中，一直占有重要地位。会泽铸钱的鼎盛时期，设炉 70 座，年铸币 44 万串。炉头、匠役 1500 人。正所谓“一山宝气钟千古，四野炉烟绕万年”。乾嘉时期，东川府年铸币为 4 亿枚。清朝后期的每个中国人几乎都使用过会泽宝云铸钱局铸造的铜钱。清朝人手里的铜钱，一半来自会泽。

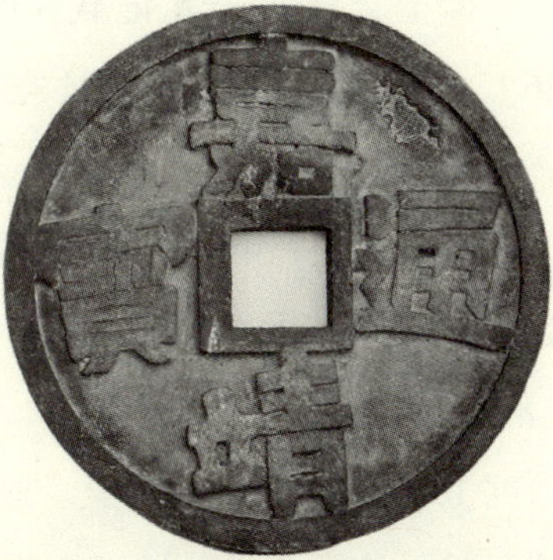

国家一级文物——嘉靖通宝

（七）会泽历史上的地震

会泽地处于小江地震带的东侧，属地震多发区，活动频繁。据史料记载，自东汉和平三年（152）开始，地震带内大于 4.75 级的地震 37 次，6 级以上地震 12 次。

据《会泽县志》记载：西汉河平三年（前26）2月，会泽发生强烈地震，山崩、小江水断流21天。

清雍正十一年（1733）8月2日，东川府（今会泽、东川、巧家一带）发生强烈地震。震级为7.8级，震中在北纬26度20分，东经103度10分，烈度10度，余震经月而至。地震震区在巧家金沙江河谷。波及会泽，城区街巷瓦屋多有倒塌，城西龙潭泉水浑浊数日不清。是会泽已知地震中最强的一次。

1733年8月2日，东川知府崔乃镛坐在参将王荣先的书房中，与祖知县[①]商谈前往地里查看庄稼一事，因被突如其来的地震惊动，跑出书房时，房上的瓦片就被震落在王参将和祖知县的座位上，而崔知府的座位上一片瓦都没有。

崔知府心想：假使慢出来一会儿，王参将和

① （祖知县）即祖承佑，监生，汉军正蓝旗人。雍正九年（1731），任东川府会泽知县。次年，他捐田50亩给会泽县义学，雍正十三年（1735年），又捐设碧谷义学，尹武义学、施家义学。当时东川一些重大工程都是他协办的，深受东川知府崔乃镛的器重和百姓的拥戴，离开东川时百姓挽留不舍。

祖知县不可能没有祸患，崔知府根据自己的亲见亲历写了《东川府地震纪事》一文，这是目前所知，记载地震最生动也最详实的一篇专文。崔乃镛编纂的《东川府志》文约事丰，撰写的《东川府地震纪事》行文流畅，堪称“千古奇文”。文中是这样记录1733年这次东川府大地震的[①]：

8月2日中午，怪风骤起，沙沙作响，屋瓦欲飞，人们十分惊诧。下午3时左右，大地忽然震动，发出闷雷般声响，声从西南方向来，迅速向西北而去。接着，平地宛若波涛起伏，猛升猛降；房屋犹如涛上小船，上颠下簸。站着的人跌倒，走着的被颠翻，惊得人们神魂恍惚，不知所措，相对而视，竟无一语。这次地震，府城内寺庙、民房倒塌很多，府署和参将署的房屋，因年长日久，多数倒塌。然而，有的现象却令人费解：街道旁很多瓦屋被震塌，5丈高的四门城楼却安然无恙；城墙比城楼虽低3丈，却倒塌了近一半；老百姓的板屋茅屋，陈旧破败的没有受损，完好的却四壁一齐倾倒；土城和以舍村相连，以舍村24家震倒21家，土城却毫无损伤。值得庆幸的是，地震

① 根据《东川府地震纪事》翻译，有删节和调整。

发生在白天，才避免了更多的人员伤亡。

府城南关因房屋倒塌打伤一个12岁的男孩。巧家一带震动特别强烈，很多行政办事处和军事驻地都遭毁坏，倒塌房屋压死16人，有的因躲避不及而死，有的却因躲避而死，怎能叫人不悲痛啊？当地的人们都说："往年也有过地震，可从来没有见过像这样厉害的。"

小江一地，震动最为强烈，地震时，山谷中土石翻飞，尘土飞扬。岩岸毁坏，丘陵错开，道路阻塞不通。令人惋惜的是：土肥苗壮的庄稼，因田垄交错破裂，渐次枯萎了。有一牧童背着草料回家，行在田间小路上，与迎面而来的另一人，同时跌倒，不知道发生了地震，相互看了看对方，竟然笑了起来。山塌地陷、山崩地裂、村庄移位、河水断流等现象屡屡发生。有一家兄妹3人，住房面对岩石，震时出屋坐在岩下，全被压死，其房屋却丝毫未损。小江、阿旺、碧谷一带的人们，依山而居，山崩石裂，导致死亡多达40多人，最为惨烈。

汤丹厂与碧谷相连，地震强度不相上下。厂区仅死四、五人，而进入矿洞深处数里采矿的人们就很难幸免了，汤丹厂有数百口矿洞，每洞有成百上千矿工，73 条采矿路径，每条十四五人，很少有侥幸从矿洞中出来的。况且东川厂地较多，又不只是汤丹厂一处，实在是太惨了！

震后，官府很快将钱物赈济给灾民，灾民得到救济。

这次地震，震前有先兆，人们却不知道。8 月 1 日这天，天空、大地昏暗如同傍晚，人们只是怀疑将要下雨，却不知地震就要来临。

距县城三里地左右西边的地方，有龙潭水从山中流出，水特别清澈。当地人不知山腹中有鱼，潭上寺庙里读书的孩童为躲避地震跑到龙潭的旁边，看见一群群鱼从水中倒流而出，大的数尺长，没有捕获到，地震停止时，鱼又全部跑回去，水浑浊不清、鱼游来游去长达一月之久。

从地震这天起，东川府（会泽）一带地下经常发出鸣响，像浪涛的声音，像闷雷的声音，白天黑夜时常变化，每天都是昏沉凝滞的气象，不是雾，不是烟，不是沙，也不是尘，这类天气延续了近一个月。

1966 年 2 月 5 日，23 时 15 分地震，震中位于东川小江，震级6.5级，会泽震感强烈，城中房屋摇动，未有倒塌，大海乡炭棚开一条裂缝，宽3–15厘米，长约4公里，房屋少量毁坏，死3人，伤10余人。

2005年8月5日，会泽县相继发生了4.7级、3.5级、5.4级和3.9级4次地震。震中位于老厂乡，东经103度08分、北纬26度33分，全县17个乡（镇）均有震感。震区房屋倒塌、墙壁开裂、屋顶掉瓦、山体滑坡。17人受轻伤，69376间房屋受损或倒塌，山体滑坡47处，危及809户3123人，直接经济损失37668万元。

2014年8月3日16时30分，昭通市鲁甸县发生6.5级地震，会泽县14个乡（镇、街道）人民群众生命财产蒙受巨大损失，造成12人死亡、378人受伤、18万人受灾，直接经济损失达33.9亿元。投资43.11亿元开展居民住房恢复重建、公共服务和社会管理、基础设施建设、生态修复、灾害防治、特色产业发展6项工作。

（八）诸葛亮南征过东川轶事

建兴元年（223），刘备死后，南中①各郡纷纷

①（南中）今云南、贵州和四川西南部称为“南中”，是蜀国的一部分。

叛乱，诸葛亮认为蜀国新遭大丧，不便出兵。于是对外派遣使者，与孙吴和亲修好，对内务农殖谷，闭关息民。“南征”准备工作一切就绪后，于建兴三年（225）春天，亲率大军分三路南征。诸葛亮本人率主力由成都岷江而下至僰道（宜宾），溯金沙江而上至越巂（今西昌），攻打夷帅[①]高定[②]。雍闿[③]、孟获[④]由滇东根据地驰援高定。

卑水[⑤]是诸葛亮与高定决战的地方，在越巂(今西昌东境)，雍闿、孟获援军到卑水，战事刚要开始，受雍闿欺骗的叟人[⑥]起来造反，诸葛亮乘机攻下越

①〔夷帅〕即少数民族部落或军事联盟的首领。

②〔高定（？–225）〕《华阳国志》作高定元。三国时蜀越巂夷王。223年，雍闿在南中发动叛乱，杀死太守正昂，并且在士燮的引诱下，归附东吴并将太守张裔送给东吴，东吴遂以雍闿为永昌太守，在吕凯、王伉的抵抗下，雍闿不能前进，便派孟获扇动诸夷叛乱以响应其行动，高定亦参与雍闿的行动。225年，高定在诸葛亮的讨伐下被斩杀。

③〔雍闿（yōng kǎi）（？—225）〕建宁（云南曲靖）人，汉族。汉什邡侯雍齿之后。三国时地方豪族。初，雍闿投刘备。刘备死后，闿杀蜀所署太守正昂，降于吴。吴遥署闿为永昌太守。

④〔孟获〕是三国时期南中一带少数民族的首领，曾经起兵反叛蜀汉，后被诸葛亮七擒七纵并降服。《三国志》本传中并未记载孟获其人，他的相关事迹仅在《汉晋春秋》和《襄阳记》等史籍中有记载，小说《三国演义》中也对“七擒孟获”的故事进行了详细的描述。

⑤〔卑水〕四川宁南境内。

⑥〔叟人〕先秦时的“渠搜”，属氐羌系。汉至六朝时今四川西部、云南、贵州、甘肃部分地区有叟人分布。服饰特点为曲发、木耳、环铁、裹结。三国魏晋时曾与蜀国时战时和。魏、蜀征募为兵，战有勇，号称“叟兵”。

嶲，斩杀了高定和雍闿，越嶲战事结束。青蛉属越嶲郡，是诸葛亮平定的地方，孟获退兵没有理由选择这一条路，孟获战败，只能向东渡江。

诸葛亮“南征”，于公元225年3月从成都出发，4月平越嶲，“五月渡泸，深入不毛。”“秋平四郡，冬至汉阳”[①]，12月回到成都。“南征”时间短，诸葛亮也没有迂回姚州绕道属于蜀国的洱海地区，没有时间和必要到滇西。雍闿、孟获由滇东根据地驰援高定，孟获当由原路返回，从当时的战争形势看，孟获的根据地在建宁（滇东曲靖一带），李恢、马忠都向西南趋曲靖，诸葛亮的西路只有向东，才能同东路、中路汇合，歼灭孟获主力。

宋代铜鼓

《华阳国志·蜀志》说：“会无县，路通宁州，渡

① （秋平四郡，冬至汉阳）出自《华阳国志·南中志》。四郡，指益州、永昌、越嶲、牂牁。诸葛亮11月到汉阳，12月回到成都。

泸得堂狼县。”[1]这是当时由越巂到滇东地区的大道。孟获统帅雍闿部曲，由滇东原路撤退至建宁，战事由越巂郡转到益州郡，“夏五月，亮渡泸进征益州。”[2]诸葛亮从会东县宁南渡江到巧家、会泽，战事由四川转入云南，在云南境内4个月，在滇东北与曲靖一线和孟获斗智斗勇，七擒七纵，战于石城[3]，孟获终于臣服，诸葛亮三军会师于滇池。

《东川府志续志·轶事》记载：“咸丰间，有农人耕地，得铜鼓一面。上刻篆文，以软物击之，其声逾洪，博古者曰‘此诸葛铜鼓也，为征南所遗。’营中用价购得，贮存军库。闻今岁以濯河又有人掘得，（若）武侯平蛮未到东川，此物何以屡见？”

铜鼓为中华民族古老的传统文化器物，它所反映的是一种经济文化，一种民族精神。据《古国考古》一文载：“东川、会泽一带是中国产铜鼓最盛的地方……”

今天，在成都武侯祠的诸葛亮塑像前，陈列着三面铜鼓。上面的资料显示，这三面鼓相传为

①（会无县，路通宁州，渡泸得堂狼县）会无县，今四川会理。宁州，云南。堂狼县，会泽、巧家。

②出自《华阳国志·南中志》。

③（石城）曲靖。

当年诸葛亮南征孟获时所铸，白天用来煮饭，夜晚用来报警，世称“诸葛鼓”。

古代行军作战，贵在神速，铜鼓沉重，运载困难，为何用铜鼓？其实，诸葛亮南征的时候，的确铸了很多铜鼓，但不是用作报警，也不是用作煮饭，而是用来“攻心”。

南中民众笃信鬼神，相信神力，对一些无法解释的现象，往往归结为诅咒或者灵验。诸葛亮要攻心，当然少不了制造南中民众少见多怪的现象，渲染为鬼神力量，以此征服南中。

诸葛亮进入南中之后，没有入乡随俗改用牛角号，而是制造了铜鼓。不难想象，在南中的山谷里，铜鼓敲起，金声振越，回荡山谷，惊天动地，在南中人听来，无疑是神鬼震吼，无不胆寒心惊。

后来，他们发现这种神奇的声音，原来是蜀军的铜鼓发出来的，于是对蜀军顶礼膜拜。

七擒七纵是攻心战，铜鼓镇蛮也是攻心战。以铜鼓为攻心武器，诸葛亮平定了南中。

传说，蜀军经过金沙江发生了饮了“哑泉”不能讲话的故事。蜀军先锋王平率数百军士前来探路，由于天气酷热，人马争先恐后抢喝“哑泉”

之水，回营后，军士们说不出话来，生命危在旦夕。对此毫无办法。幸巧，这时候在路上遇一老叟，经其指点，蜀军众将士及时饮用了万安溪“安乐泉”里的水，终于又转危为安。

原来“哑泉”的泉水中含有大量的硫酸铜，“人若饮之，则不能言”“不过旬日必死”。而人喝了含有铜盐的水就会中毒，引起口齿不清、呕吐腹泻，最后虚脱、痉挛而死。

蒙姑金沙江边有新塘堰，旁有一碑，镌刻七字：“此水不能饮，有毒”，一说就是诸葛亮“渡泸”时遇到的“毒泉”。

（九）历史的拐点：从乌蒙到昭通的大变革

乌蒙一词，在彝语中是“美丽富饶、鲜花盛开的地方”。乌蒙之称始见于滇东 37 部部名。是以部落酋长名为部名，并且同 37 部一样演化为地名。《辞海》上作了这样的解释：“乌蒙：土司、路、府名，本乌蒙腹地，元初属乌蒙乌撒宣慰司，后分置乌蒙路。治今昭通市。明洪武中改为土府，清雍正六年（1728）改流……九年改为昭通府。”

东川自古以来就是“乌蛮夷巢”，一直是彝族土知府禄氏世袭领地，统治极其黑暗。“土司一子取妇，则土民三载不敢结婚，土民有罪被杀，其亲居尚出垫刀数十金，终身无见天日之期。”[①] 土民有罪，株连到亲属付垫刀钱。《清实录》记载：“东川虽久改流，而六营长、九伙目[②]俱沿旧习，各踞一方。

有则补营长禄世豪、法戛伙目禄天佑，素称凶悍，为害边疆。”鄂尔泰力主改土归流，用武力镇压了土司残余势力的反叛后，雍正四年（1726），鄂尔泰认为乌蒙为“乌暗蒙蔽”。服从政治需要，并将乌蒙按汉语文字意“乌则昭之，蒙则通之”取昭明通达之义，改为昭通。雍正九年(1731),乌蒙府被清廷明令改为昭通府,意为“易而昭明，易而宣通”。从此，作为地名而使用了一千年的“乌蒙”从历史上消失。

从“乌蒙”到“昭通”，不仅仅是名称的改变，而且见证了“改土归流”这一重大的历史事件。

---

① 出自《圣武记 · 雍正西南夷改流记》鄂尔泰关于“改土归流”的奏议。

②（六营长、九伙目）清初以前，会泽一直由彝族土司统治，朝廷先后设置东川土府和东川军民府，府以下设置六营长、九伙目。六营为待补营、则补营、者海营、巧家营、阿旺营、以扯营。伙目是土司统治的基础，有火红、娜姑、马书、法戛、驽革等九处。《东川府志》记载：“营长主兵，头目主赋，土府以为心腹爪牙，其侵扰四境，劫掠平民。”

这一名称的改变，浓缩了清王朝的一次大变革。

禄氏家族兴起于南诏时期，经过联姻、繁衍，禄氏家族逐渐成为滇东北地区的大姓。宋、元、明、清，滇东北地区的禄氏土司都是他们的子孙后代，然而，家族的斗争从未间断过。到东川土官禄万兆时，为争夺继承权，不间断持续达10多年，互相残杀，尸骨遍野，战争连年，土地荒芜，国无宁日，民不聊生。在这种境况下，土府官员请求改土归流，即废除少数民族世袭土官，改由朝廷直接委派而定期轮换的流管统治。

东川改土归流后，引起了“土目”[①]的不满。1708年，法戛土司禄天佑首先动手杀了东川营的营兵后，躲藏起来，对外声称他已“死去”，并暗造兵器，伺机反叛。1727年12月，鄂尔泰派兵进剿，擒获禄天佑家丁220余人，斩杀了禄天佑。1726年东川改由云南管辖，鄂尔泰最先革除了东川土司“六营长”“九头目”，废除了地方管理由土司世袭的制度。同年12月，从贵州威宁到东川巡视，回到省城后，立即给朝廷写了《清添设

①（土目）土司所属员司的称号。世袭，兼理文武，职守权力因时因地而异。

东川流官疏》，“云贵大患，无如苗蛮。安民必先制夷，欲治夷必先。”建议把离府治较远的巧家，设为“县治”，增添东川府署的流官，以及改立乡约、保长、编甲稽查，这些政治措施被采纳实施后，加深了土目对改土归流的极端不满。

雍正初年，东川府招募开垦荒田，允许“垦户”以田放利，从外地来的一批汉人，居住在田多地广的者海和阿旺，由于“知府黄士杰偏袒垦户占熟田，夷民甚怨。”加之乌蒙镇总兵刘启元一向贪冒残忍，民愤极大。

开初，乌蒙土知府禄万钟的叔叔、鲁甸土目禄鼎坤受降，是想承袭乌蒙土知府一职，所以调遣无不从命，而且还送妻子到省城作人质，自率军队从征，经鄂尔泰推荐，作了守备。在镇沅、车里橄榄坝（今西双版纳景洪市）镇压反对改土归流的傣族土司，受到皇帝的接见，他满以为会让他作乌蒙知府，不料朝廷却调虎离山，准备让他去河南当参将。进京一无所获，怏怏归来，于是与两个儿子和10个土司头目密谋，伺机倡乱。

雍正八年（1730）8月18日，是乌蒙镇总兵刘启元的生日，按照历年的惯例，设宴数日，各村寨土目前往祝寿。当时禄鼎坤受降，总兵刘启元对其礼待甚优，还认了禄鼎坤的两个儿子禄万福、禄万贵为子，两人以养子的身份参加祝寿。在饲马草料中暗藏兵器，混入城内。8 月 25 日黎明，乌蒙城中哗变，外有数千人围城，接着从凉山也来了数万少数民族，这一切都是禄万福、禄万贵的事先的布置，叛军入城，和官军展开了激烈的战斗，游击刘昆、马秉伦在巷战中战死，刘启元慌乱中，乘骡马逃走，被叛军所杀，符（镇）印皆大失，文武官员死者甚多，大关、鲁甸也被叛军占领。

在禄万福的煽动下，东川、镇雄、鲁甸、巧家、武定、寻甸、凉山、下方、阿卢、威宁等云贵川三省接壤处的土司群起响应。东川的土司响应最为积极，并成为反叛的主力。9 月 7 日，东川弩革、马书土目禄秉先，接应乌蒙叛军渡江入境。叛军至东川后，焚毁沿途的塘卡，那姑土目禄良珍还杀死以则的塘兵，这一天，十三村和“六营长”“九头目”之地同时反叛。

9月11日，东川那姑土目禄良珍、者海土目禄承爵，又串通乌蒙叛军焚烧村寨，并向东川府城逼近，东川守备张其贵带兵出城抵御，叛军后退，驻扎于蛇蚤山。这天夜里，者海2千余家“垦户”遭到叛军杀戮，妇女儿童也没能幸免。

9月12日，十三村土目苏八十，带叛军于马鞍山运粮队，粮夫数百人被杀，运粮官、嵩明知州勒马逃走，至东川府城，才幸免一死。同日，土目张宿率叛军劫杀汤丹，硐民一万多人一时惊散。铜、银两被抢劫一空。

为迅速平定叛乱，安定云、贵、川三省，稳定政局，鄂尔泰调集滇黔两省官兵1万多人，分3路向乌蒙进剿。

东川一路，由临安总兵官魏翥国[1]带领。九月初抵达东川。9月12日，魏翥国带兵行至乌蒙途中(今会泽黑土基)被禄鼎明刺成重伤后，云贵总督鄂尔泰调遣楚姚镇总兵官禄和云南提督张耀祖率兵增援东川，并以官禄代替魏翥国的统领职务。

---

①（魏翥国）云南永北人，以行伍屡立战功，升督营副将。雍正八年（1730）入西藏阵亡，入祀昭忠祠。东川知府方桂为其立传，写有《魏将军事略》，收录于《乾隆东川府志·艺文·记》

第二天，大队叛军抵达府城外，张其贵[①]奉魏翥国命引兵出城和叛军大战于小龙潭，斩杀叛匪五百余人，获胜。自此叛军不敢再战，只是“夜夜呼噪，沿山举火以扰官军”，双兵方呈对峙之势。当时城外庄稼已经成熟,城中派兵保护农民出城收割稻谷。

9月19日，张耀祖、官禄及千总亶国祥等官兵到东川边境的功山，随后永顺、腾越(今腾冲)的官兵，丽江、永北(今永胜)高家，云南县(今昆明)杨家，他颇张家，禄劝那家，武定李家等士兵也陆续赶到。官禄派游击张耀祖于前设台站，派游击张超作前锋，带领士兵、官兵1700余人向东川挺进。9月20日，官禄等官兵一部分经秧田冲、尹五、木多，在海山箐战败叛军，追击至鲁乌三村,焚烧了全部村庄房屋;另一部分经小龙潭，在尹革战败叛军。9月22日，官兵至小凉山，叛军前来劫杀，从小龙潭至阿旺，击溃叛军数千。9

① (张其贵)四川成都人，武进士。任东川营中军守备，雍正八年(1730)，在平叛东川叛乱中，督标中军副将魏翥国被刺伤，他一马当先保护魏翥国回城，表现勇敢，次年升为为贵州大定(今大方)游击。又调进征茶山，得功回，雍正十三年(1735)升任东川营参将，之后数战，屡立战功，颇有儒将风度。东川知府方桂为其立传，写有《张将军事略》，收录于《乾隆东川府志·艺文·记》。

月 27 日，总兵官禄自小龙潭行至歹补，招降土目沙七福；29 日，以濯河叛军数千人来抗拒，士兵数千人阻住要口，于山梁安放滚木擂石，游击韩霎鹏、张超、纪龙和守备林梧风、张国等官兵奋勇，枪炮齐发，击溃叛军，带伤滚崖而死者不计其数。黄昏时，官兵全部进入府城。入城后，官禄听说东川叛军数万人，认为敌众我寡，土城单薄，宜守不宜战，故下令闭城不出。10 月 1 日，东川营守备张其贵，带兵千人至功山，与提督张耀祖商讨平定叛乱的对策。十月初四，游击纪龙带兵抵挖泥寨一带，“倮贼数千，攻击数次，贼众大败，烧毁扯戛、黑龙潭、拖姑等处十三寨。”十月初五，游击何元、守备张其贵剿捕阿旺、急罗箐，“杀贼三百余人，贼不能支，跑入箐口，堵守寨栅，官兵于山上山下，四路夹攻。活擒男妇大小二百三十一名，又斩贼二百一十三人。”十月初十，官兵攻打者家海[①]，“杀贼无数，贼众滚箐奔至江边，官兵追至，贼众过渡不及，尽投水淹死。”10 月 24 日，游击纪龙、范防、彭之义等带兵进剿以勒寨母那密箐。10 月 26 日，守备张其贵带兵进

①（者家海）今者海，历史上者大官人家放牧的地方，故名者家海。

剿鲁补箐至里铁山脚，叛军躲藏在河外大村。当夜四鼓，张其贵同千总李朝生、李显、李占鳌等分兵堵截在河流上，次日攻克大村。10月30日，张其贵派李朝生等人攻打鲁得，武定参将南天章派千总马道伯进剿马书，抓获抢劫汤丹厂的土目张宿、张成。同日游击纪龙进剿阿鲁六村。11月6日，分东川军一部分过牛栏江与乌蒙兵会剿叛军。

镇雄一路，由镇雄参将韩勋率领，听哈元生[①]调度。整个进剿中，“败贼八千，杀贼3000余众”。威宁一路，由总兵官哈元生指挥，副将徐成贞为副指挥。哈元生占领乌蒙后，只有兵6000人，除留一部分驻防搜讨外，即分兵两路。一路由参将康世显带领，由鲁甸至牛栏江接东川之兵；一路由游击曾长治带领，由龙洞山至法漏屯接镇雄之兵。于是，从东川到乌蒙，清军声连气通。在各

①（哈元生）河北省（直隶）人氏，康熙年间入伍，发迹戎行。康熙末年（1722），授把总，累迁江西建昌路都司（正四品）史称“扬威将军”。雍正五年（1727），乌蒙、镇雄叛乱。奉云贵总督鄂尔泰之命，哈元生率兵三千，增援总兵刘起元协剿。土司兵占据险要地势进行顽抗。哈元生身先入阵，冒矢石奋力攻打，所到之处，逆叛都被杀的散乱倒下，伤亡过大，余逆掉下山崖死者数万，弃寨而逃。鄂尔泰上奏功，上奖元生取仲家苗、克乌蒙能效力，命以副将、参将题用，寻授寻沾营参将（正三品）。九年，擢云南提督。乾隆皇帝题写了赞词：“中土回人，性多拳勇，哈其大族，每出将种。”

路会剿下，韩勋部于十一月初四日攻破大关，十日攻破伐乌关，川军亦于11月初进驻豆沙关。时禄万福及其残部逃匿鲁甸后箐，鄂尔泰以“禄万福一日不获，贼情一日观望，擒贼擒王尤不可少懈。”清军展开了逐寨逐箐进行搜剿。

改土归流战事结束，谋反首领全被擒获。整个事件中“临阵杀伤并滚岩投江自尽者已万余人；擒获搜获讯明枭首及剁去右手者数千人；所获猓贼男妇分赏在事有功者亦数千人；准予安插，并暂准投诚者亦万余人；其余生擒贼首贼目并应质审要犯家口数百人，押解收监。所未获大小头目共不满十人。”[①]鄂尔泰命令哈元生在回师之日，“尽数擒拿，枭首悬示沿途，以除后患。”在战争中哈元生、韩勋所统兵弁，血战数十阵，更属勇敢的哈元生后来被提拔为云南提督，动司库银1万两赏给哈元生。

鄂尔泰用铁腕手段，彻底完成了对滇东北的“改土归流”，土司家族从此一蹶不振，完全淡出了政治舞台，土司制度被历史的车轮碾碎。只有主峰耸立在会泽县境内的乌蒙山巍然屹立。从

①出自《清世宗实录》卷99。

乌蒙到昭通不仅仅是名称的改变，它标志着土司时代的结束，一个封建时代的全面到来，彰扬与寄托了统治者“变蛮夷渊薮[①]而为文物之邦”的理想和抱负。

（十）太平军过会泽

太平天国起义是中国历史上规模最大的一次农民起义。

咸丰七年（1857）5月，太平天国翼王石达开率领10万余将士出走。同治元年（1862）10月，从广西经贵州进入云南。12月初，太平军在滇东北攻打富源、宣威、昭通等地的同时，翼王石达开亲率4万部队进入东川境内，此时，“云南远近震动，迤东州县相继戒严，请援告急者络绎不绝。”当时太平军队伍，南起功山、阿旺、碧谷（今东川区新村），北至巧家蒙姑，战线长达几百公里。

石达开率部进入东川后，派所属赖裕新部攻打东川府石城（今会泽县城）。石城是一座坚固的军事设施。东川府闻太平军至，紧闭城门，并向省城告急。清政府指令东川“坚壁清野，待太

① 渊薮（yuān sǒu）渊：深水。薮：水边的草地，兽住的地方。比喻人或事物集中的地方。

平军无粮可掠，无人可裹，歼除自当较易也”。由于东川府城防坚固，太平军两次攻打未克。

围困府城的太平军撤走后，东川知府黎兴德、参将杨盛宗、会泽知县靖华壁乘隙率清兵出城追击太平军。太平军过会泽，给予太平军重创是时任东川参将的杨盛宗。杨盛宗，字沛德，巧家厅人，由军功历任东川参将，昭通镇总兵，后官至提督，赐额腾依巴图鲁（勇士），授腾越镇总兵。所至之处，屡立奇勋。

太平军在崇礼乡（今白雾街）与清军鏖战，打退了清军的进攻，此战中太平军将领卓天侯、鲁启高阵亡。太平军行至狮子沟又遭则补汛把总袭击，太平军包围了汛兵，杀死文见龙，于蒙姑与主力汇合。太平军在则补汛教场坝一带（今云峰村）招募兵勇，休整达月余。太平军在会泽足迹遍及整个东川府辖地。在娜姑镇云峰村，至今还流传着太平军驻军校场及翼王石达开“拴马石”的传说。

12 月 24 日，石达开由蒙姑出发，攻占了巧家厅。同治二年(1863)2 月，正值太平军渡江之际，东川府参将杨盛宗带领官兵至巧家厅围剿太平军。

石达开、赖裕新、刘四等首领，分率部队火速渡江，直趋西昌境内，之后至大渡河紫打地（安顺场）覆没，石达开自投清军被杀。

（十一）中央红军第九军团智取会泽县城

中央红军第九军团是中国工农红军主力部队之一。长征期间牵制和消灭了大量敌军，有力地配合了中央红军主力行动，周恩来曾称赞红九军团是长征中的“战略骑兵”。红九军团在长征出发前夕，整个军团人数达到11500人左右。血战湘江，掩护主力红军安全过江，红九军团伤亡大半，被迫将原有的两个师缩编至3个团。驰骋川滇黔边，进乌蒙、走云贵，占宣城、袭会泽，历艰辛、大会师，担任长征的“战略骑兵”。

罗炳辉（1897～1946），云南彝良人。1915年入滇军，参加护国讨袁战争、北伐战争。1929年加入中国共产党。1931年4月，率红12军参加中央苏区第二次反“围剿”，连战皆捷，因率部在半个多月时间里长驱700余里奔袭作战，被美国记者称为“飞行军”的统帅。长征时任红九军团军团长。

1935年4月29日，接中央军委“迅速离开宣威，向川西南披沙（今宁南县）前进，准备渡金沙江，如果时间允许并相机袭占会泽”的电令。次日，红九军团从宣威渣格、院子田一带出发，在当地群众的帮助下，抢渡牛栏江后进入会泽境内；5月1日途经者海，在者海放粮扩红；5月2日兵临会泽县城。

会泽县城是滇东北重镇之一，城墙上有民团的壮丁固守。罗炳辉发现城墙又高又厚，而且城墙上筑有工事，易守难攻，若要用武力强攻，难免会有一场恶仗。权衡利弊之后，罗炳辉决定用心理战、政治战震慑敌军，智取会泽县城。

到达会泽之前，罗炳辉就已经得知，驻守东川城的是本地的一个民团，县团防局主任是他过去在滇军时就结识的。搭云梯、支炮，做好强攻准备的同时，开展了政治攻势。罗炳辉果断地把电话线搭在驻守县城的敌军电话线上，与守城县团防局主任直接通话，自报姓名，强调红军借道通过，是为了北上抗日，红军兵临城下住野地，秋毫无犯，决不伤害百姓和民团，要他们深明大义开城迎接红军，为红军筹粮筹款。

接电话的县团防局主任张秀生（文俊），听到是罗炳辉的声音，想利用滇军时的关系不动刀枪为上，便回答说：罗军团长率正义之师为黎民百姓，不扰乡亲，难得此大义，过境之事好商量，我们努力做到不为难贵军。

罗炳辉又写信派人送进城去，晓以大义。张秀生把军团长罗炳辉的意见向县参议会报告，会上展开了激烈的争论，张秀生主张开明对待红军（因主张开城迎接红军，后被国民党杀害于杨茂章、刘善初的棺材前），杨茂章、刘善初则坚持抗拒。杨茂章在江西当县长时，曾杀害红军干部，在会泽杨茂章、刘善初二人曾破坏中共会泽地下党组织，杀害中共地下党领导人蒋开榜等，强迫四乡老百姓守城。多数人赞成张秀生的意见，以张秀生的名义回信道：

罗炳辉军团长钧鉴：

此次义师过境，本应出城劳军，无奈环境不许。请贵军屈住城外，下令停放炮弹，以免生灵涂炭。……义军要求之事，容后派员交涉，五时准开城门……

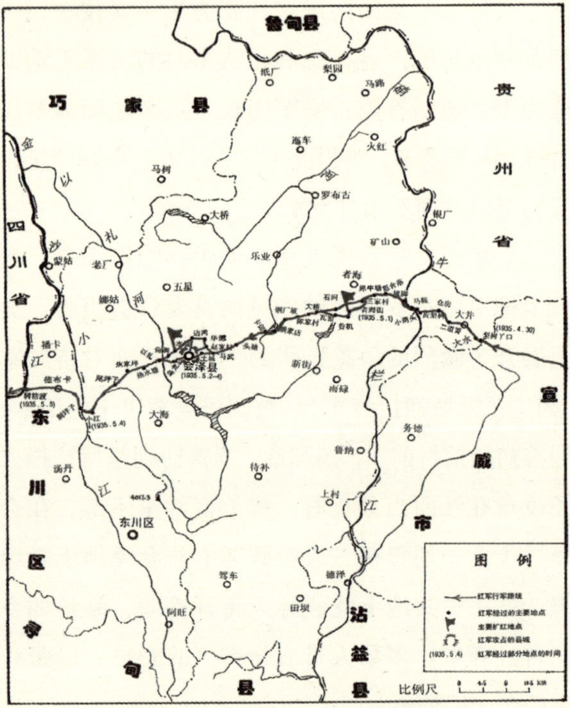

中央红军第九军团过会泽路线图

城内派出谈判代表与军团领导见面，罗炳辉话锋一转、闭口不谈我军有何要求，却向对方介绍起站在自己身边的红九军团主要领导人，以便进一步从政治上和心理上彻底震慑敌人："老伙计，别看他们穿着不怎么样，可都是些非凡人物。

我们的军团政委何长工，留学法国的；军团政治部主任黄火青，留学苏联的；军团参谋长郭天民，1926年的老黄埔生。今天啦，你老伙计也算是见世面喽。提到要求嘛，其实也没有什么特别的要求，一路上就是那么几件事，请我们军团何政委说说。”

站在罗炳辉身边的红九军团政委何长工接过话茬说：“既然你与我们罗军团长是老相识，就算是帮忙吧。第一，让红军进城，也好有个住处，当然得是很安全的；第二，帮助筹备一点粮款，出门在外，只好走到哪吃穿到哪；第三，我们还想在贵地招点兵，希望不要阻挠”。敌军民团团长听完后连声说：“好，好，我们照办。我方的要求只有一条，希望保留我的民团。至于双方的安全，我把民团搬出城去就是。”黄火青再次表明我军意图，要他们遵守约定，放宽到五时开城门。谈判代表回城后，我军作攻城准备。谈判后，杨、刘几经拖延、阻挠，等到天黑城门还是不开。5月3日6点15分，红军发起攻势，九团姜启化部把云梯靠上城墙，扫射了一排子机关枪，城门才开，仅用20分钟就将会泽城攻下。

红九军团武备而文战，文战而屈敌军，智取

会泽县城。长征中罗炳辉巧用对敌军发动政治战、心理战智取东川城，堪称“智勇兼备”的传奇故事之一。

红军长征过会泽，历时7天。途经大井、者海、宝云、古城、金钟、大海、娜姑4个乡镇、3个街道办事处，30个村委会，69个村落，行程115公里。罗炳辉经常率部奉命执行“诱敌”“阻敌”“断后”，掩护红军主力行动的重任，长途奔袭，艰苦鏖战，兵员锐减。到达会泽时，红九军团只剩下2000多人。红军在会泽就扩红1500余人，会泽是红九军团在长征途中，一次“扩红”人数最多和影响最大的地区。

红九军团攻克会泽县城后，筹款10万银圆，布匹400多匹，收缴枪支1500多支、手榴弹500多枚、子弹2万余发，俘虏伪保安团人员400余名。广大妇女用没收到的大量布匹，为红军赶制衣服。红九军团从会泽出发时，军容军貌焕然一新。

（十二）抗战中的会泽

1937年“七七”卢沟桥事变，抗日战争全面爆发，抗日救亡运动如火如荼。会泽虽然身处大后方，但因拥有丰富的铜矿资源和特殊的地理位置，以全县之力贡献国家以支援抗战。

国民政府在会泽设立了办事处，力办铜矿，扩大采炼。1937 年—1945 年，会泽产铜 1587 吨，绝大部分作为武器装备的原料使用；国民政府还在会泽修建了飞机场，民众参与了驼峰航线失事飞机的救援；积极捐款捐物，修建了公路、防空洞、通信等军事设施，有力地支援了抗战；云南大学工学院迁至会泽办学，文化的传播并没有因日寇的战火而中断。八年抗战中，1.24 万会泽子弟应征入伍，直接参与作战，在战场上顽强抵抗，伤亡 3000 多人，仅云南省档案馆记载滇军会泽籍为国捐躯、阵亡将士名单就有 382 人。

在对日作战中，会泽籍两名滇军将士李世龙、杨开龙忠勇壮烈、舍死亡身的精神给人们留下了刻骨铭心的回忆。

李世龙（1890 ~ 1953），号云峰，云南会泽县城人，国民党陆军中将。

李世龙毕业于贵州陆军讲武堂（云南讲武堂贵阳分校）。1912 年初，随唐继尧北伐援黔。1916 年在护国第二军任排长、连长，随部进入广东。1926 年参加北伐战争，历任国民革命军第三军朱培德部第七师第十九旅三十八团营长、团长、第二十团团长、旅长，1935年授陆军少将军衔。抗日战争中，历任第三军第七师师长、第三军副军长、军长、第三十六军长、第三十七集团军副司令兼第三十六军军长。1948年9月，晋升中将。

1937年7月，抗日战争爆发。李世龙率部开赴河北前线，10月，转移到山西参加娘子关保卫战。1938年，升任第三军第七师师长，奉命守卫抗日战略要地中条山，长达两年半之久，打退日军十余次大规模进攻，该军也因此被称为抗日劲旅。

1941年5月，日军发动代号为“中原会战”的第十四次大规模战役，调集20万陆军、400架飞机和其他特种部队，以绝对优势兵力四路围攻中条山地区。第三军经过反复激战，渐渐不支，三个师奉命三路突围。其他两个师在突围中，均被日军全部堵住，大部分伤亡和被俘。唯独李世龙一路杀开一条血路，大部分突围脱险，转移至陕西韩城集结、补充和整训，使第三军建制得以保存。

李世龙退役后到湖南黔阳妻子家乡定居，1951年被捕入狱，1953年病死狱中。

杨开龙，云南会泽人，1916 年出生。从小勤奋好学，在昆明读中学。1935 年高中毕业考入国民党陆军军官学校，即黄埔军校昆明第五分校。日本帝国主义发动侵华战争，杨开龙和其他爱国青年一样忧虑和愤怒，他在一张照片的背面写下了“怒发冲冠，投笔从戎”8 个字，以此明志，誓言抗日。

1937 年杨开龙从陆军军官学校毕业，随即参加干海子新兵训练，时为排长，1938 年出滇抗日，曾参加过数次大小战役。1941 年，第三次长沙会战展开。杨开龙由湖北调到赣北，担任上尉连长。同年 12 月 25 日，日军向新三军 12 师守备阵地发动进攻，大炮连击，并施放毒气，26、27 日战斗加剧。28 日，天寒地冻，荒野飞雪。日军再次炮轰，持续近一个小时，隆隆炮声震动四野。两军厮杀，展开了激烈的肉搏。在这场战役中，新三军 12 师死伤惨重，共有 673 名将士殉国。杨开龙壮烈牺牲，时年 25 岁。杨开龙的遗骸被安葬在江西省高安市龙潭乡老虎山国殇公墓。

（十三）火红、尖山武装起义

解放战争时期，会泽的反蒋武装起义风起云

涌，火红、尖山两次武装起义震惊全省。两次起义，牺牲35人，起义发源地——火红、尖山、硝厂河一带人民遭到国民党反动派残酷镇压。然而，武装起义教育和锻炼了人民，培养了骨干，积累了斗争经验。疏散隐蔽下来的力量，在党的领导下，经过整顿，重新聚集，先后组建了14支游击队，投入新的战斗，活跃在会泽、巧家边界和全县广大农村。

金绍清、祖万忠是火红、尖山武装起义的领导人。

金绍清，1910年出生于会泽县火红乡。其父金玉堂是火红地区彝族头人，有枪近百支。金玉堂为人正直，爱护乡民，接济贫苦，享有较高的威望。对国民党反动政府历来是“服管不服调”。历史上金家与国民党反动派结下的冤仇，对金绍清产生了很大影响。

金玉堂去世后，1947年，金绍清继任国民党硝厂乡乡长，他秉承父业，不欺压百姓，不畏强暴，与国民党反动派势不两立。不久，大地主陆守义买通官府，免去了金绍清乡长职务，由陆守义继任，陆假借“积谷手续不清”，对金家进行欺诈勒索。

也就在这一年，国民党航空特务旅第七连一个姓李的连长，以金绍清“种大烟”为借口。将其绑至尖山，金趁混乱逃脱。金深感国民党政府腐败不堪，祸国殃民，自身势单力薄，欲找出路而无门。

1948年，中共会泽县党支部按照上级指示，决定争取金绍清投向革命，于是利用彝族地下党员赵绥先与金绍清的亲戚关系，先后派共产党员费跃、朱集民、陆永邦去做金绍清的工作。经教育争取，金绍清思想进步很快，并要求加入中国共产党，愿将自己所拥有的武装全部交由共产党指挥。他还配合教育争取祖万忠的工作，并获得成功。

1948年7月8日，中共地下党领导的滇黔边区民族自救军在火红举行武装起义。7月19日，安纯三率部前往镇压，20日，武装起义遭到敌人“围剿”。金绍清等被俘后，面对敌人的严刑拷打，他宁死不屈，严守党的秘密。敌人在无计可施的情况下，在撤离火红时将金绍清枪杀于桥边，就义时年仅38岁。

1909年，祖万忠出生于马路乡一地主家庭。15岁时丧父，仅靠父亲留下的遗产维持着他与母亲和两个弟弟的生活。他为人正直、办事公道，在尖山一带颇有威望。1945 年，因祖万忠的小叔祖守明（尖山的大地主）分家产时不公平，致使家族矛盾日益尖锐。1947 年冬，祖守明串通国民党火红乡乡长陆老七和县政警队“围剿”祖万忠的家，烧毁了新建的 3 间瓦房。于是，祖万忠便购买枪支弹药与其对抗，获胜后势力逐步扩大。村民们都称他为“祖大队长”。从 1948 年 2 月开始，为开展反蒋武装斗争，中共会泽地下党多次派人向他宣传中国共产党的主张，使他看到了光明和希望，表示坚决接受共产党的领导，愿将其所拥有的武装全部交由共产党指挥，从此走上革命道路。为配合火红起义，在 7 月 18 日组织了 250 多人的尖山反蒋武装起义。虽因种种原因起义失败，但他并没有灰心丧气，始终坚守他决心跟共产党走的诺言，又投入新的反蒋武装起义准备。在第二次准备工作中，他不仅动员尖山及江边太平村一大批青年农民参加反蒋武装斗争行列，还动员他的儿子祖维品、祖维君和侄子祖维新等亲人参加反蒋武装起义。被俘后，祖万忠等被敌人押到会泽县城监狱关押审讯。敌人软硬兼施，用尽各种酷刑，但他义正词严，宁死不屈，始终严守党的秘密和坚持革命到底的决心。

1949年1月31日，敌人在无计可施的情况下，将祖万忠杀害于会泽县城，时年40岁。祖万忠的儿子祖维君，战斗中，英勇顽强，弹尽被俘后，无论敌人怎样严刑拷打、威逼利诱，仍然坚贞不屈，最后被敌人残酷杀害，英勇就义，牺牲时年仅14岁。父子二人，双双为革命献出了生命，正可谓“一门忠烈”。

三、人物春秋

（一）刘汉鼎修筑娜姑铜运古道

刘汉鼎，生卒年月不详，清时东川府巧家厅水碾村人，任当地州同，喜看史书，通情达理，乐于济贫，常行善事，人称“刘善士”。

刘汉鼎是有名的商人，人称“大马锅头”[①]，拥有数百匹骡马驮队，从事的是东川矿冶的马帮运输，除了每年数万吨铜的运量以外，还运输大量的物资、矿工生活物品。在长年累月的马帮运输过程中，刘汉鼎积累了巨额财富，他慷慨解囊，架桥铺路。捐巨资填会泽的野马川[②]淤塞为途，建

---

①（马锅头）古道上马帮的首领。以前的马帮，必须有一个首领来带头，这个首领就是马锅头。因为这个首领牵的马头上有一面镜子，这面镜子可以把前方的危险照射出来，首领后面背着一口锅，负责整个马帮的生活。因此叫做马锅头。

②（野马川）实为饮马川。位于会泽县待补镇西南，海拔 2700 米，属冷凉山区。明代，东川每年要向朝廷进贡 4000 匹“乌蒙马”。由于这里地势开阔，水足草肥，又是通往省城的必经之地，于是便成了马群集中休息的地方，“饮马川”之名由此得来。而在口口相传的历史中，“饮马川”被念成了“野马川”。

曲靖德泽的车洪江大桥、巧家城内的嗣应桥、蒙姑一家桥、五里坡桥、刘公桥等十数座，阿白塘、蒙姑坡等处县道，每一举动，用费辄盈千累万。他还送寒衣、赠医药、施棺木、设茶水、办义渡、捐送义地等。无论大小事务他都操劳不尽，一生乐善不倦。

清乾隆五十一年（1787），刘汉鼎捐资倡修巧家至会泽200余里栈道。清雍正四年（1726），东川府辖金沙江沿岸地区划隶云南。清雍正五年（1727），置会泽县于今巧家营村，开修通省大道，蒙姑成为滇川两省边沿地区交通孔道和物资集散中心："行旅云集，商业繁盛……主要营业为内地砂糖，凡沿江四周数百里多运往销售，东川、寻甸、嵩明、曲靖、平彝[①]各地之糖商均有来此购运者，计年销数日常以千万闻……"南距蒙姑5里处有旧名"飞云洞"一段，丛山千仞，天低云落，绝壁嶙峋，下临数百丈深沟，水势汹涌，失事者每有发生，行旅视为畏途。光绪《东

①（平彝）富源县的旧称。"富源县"在汉代和三国时代的名称是"平夷县"，晋代时改名"平蛮县"，唐代恢复"平夷县"。清康熙三十四年（1695），重新取名"平彝县"，1954年报经国务院批准，将"平彝县"更名"富源县"。

川府志》记载该处“两岸石壁嶙峋，下有深溪百余丈，纳那姑、黑露二甲之流，水势汹涌，夏秋不可渡。”

刘汉鼎亲自往来督工，虽经羊肠鸟道、酷暑严寒，决不畏难间断，历时4年，至1791年功成。传说，在栈道行将完工时，刘汉鼎亲手抡镐朝石崖猛凿，轰然石开，其中竟有白银一锅，恰好抵补工程费用，故有“有功无劳”碑。立碑处，崖壁切面果然有一“锅”形凹陷。会泽县知事蔡世忱于乾隆五十六年（1791）秋撰书《刘公桥路碑》记工程情况称：“堂琅一邑，幅员辽阔，壤接川黔，固商旅辐辏之区也。而岁赋京铜不下数百万，尤于运道为扼要焉！奈地多崇岩峻岭，山重水复，令人同嗟‘蜀道之难者，其处盖不一而足’……而最难者莫如蒙姑坡……刘君别开新径，较旧平近二十里。隘者辟之，坎者补之，悬崖不可栈者斧凿之，山涧不能船者桥跨之，盖其中仿佛巨灵之迹者百丈，蜿蜒长虹之势者十二寻。自是而巧家通郡城一路，如履康庄矣。”蔡知县的碑文，事实上已为栈道命名。但往来行旅，每见沿途崖坎、石穴中均有被募施工的石匠栖身的草房，触景生情，“石匠房栈道”的名称便沿袭至今。

刘汉鼎 74 岁卒于任上，以他命名的一孔栈桥坍塌，其子刘诚捐资再修石拱桥，已卸任的蔡世忱又书撰一联，刻于桥边。联语云：“敢惜微劳继父志，惟期永固利人行。”光绪七年（1881），江西商人王世泰、夏永顺等秉承刘汉鼎精神，再次捐资拓修栈道，另外从峭壁间开凿出一条长约 1500 米、宽约 2 米左右的通道；又在悬崖绝壁处建一铁索桥；桥路相连，可容轿马通行。有一碑刻记下了这件事的经过，并在摩崖处题刻了“飞云洞”三字。

《会泽县志》载：“坡桥路碑，位于娜姑区小田坝村鹦哥咀，碑立于乾隆五十六年七月上旬，

娜姑石匠房铜运古驿道

墨石制成，高 1.5 米，宽 76 厘米，厚 23 厘米。”碑文记载乡绅刘汉鼎捐资修建阿白塘路、蒙姑坡路和铁索桥的事迹以及凿岩修桥、劈山筑路的艰难情形。

刘汉鼎的儿子刘诚，也从事东川京铜运输，继承父志，热心公益事业。《云南通志》载：“（刘汉鼎）子诚，亦有父风，嘉庆间贡生，善继承者也。石匠房乃铜运、行旅要道，忽中圮十余里，上倚绝壁，下临大江，往来皆滞。诚出赀，督工，凿悬岩通道，绝壑则絚以石梁。经营五载，费逾万金。有摩崖以旌之。”

（二）张允随开凿金沙江水道

金沙江为长江上游，上起青海玉树，下至四川宜宾，首尾衔接通天河与川江，全长 2308 公里。

自明代以来，一些有识之士，把开发金沙江水道的重要性与加强中央王朝对西南边疆的统治联系起来，纷纷上疏备陈开江之利。首倡其说者是明正统靖远伯王骥，但皆因或会地方多事，或阻于群言，或拙于经费，以致畏难中止，不获举行。但这些努力为清乾隆年间开发整治金沙江下游水道奠定了思想基础。

乾隆初，力主开发金沙江并促成其事者首推军机大臣鄂尔泰。乾隆二年（1737），已升任大学士兼兵部尚书的鄂尔泰“面奉谕旨，询问云南水利”时，向乾隆提出开修金沙江支流与干流，以通川省产米之区的建议。乾隆即令云南总督尹继善筹划，以期有备无患，但未能实行。自康熙后至乾隆初，全国许多地方制钱紧缩，钱价增昂情况日趋严重。清廷为了保障鼓铸，必须首先解决铜的供给。如果仅仅依靠马帮陆运，已经无法满足东川日益增加产量的运输要求，且陆运辗转千里，沿途山高谷深，极其艰难，途中还不时被抢劫、盗卖，防不胜防，因此修缮陆路、开辟水道成为京运必须解决的问题。在这种情况下，云南总督庆复上奏朝廷“开凿通川河道，实为滇省之大利”。

庆复调任后，署云贵总督张允随[①]也竭力坚持

① 张允随（1693-1751），字觐臣，汉军镶黄旗人，张一魁之孙。初入赀任光禄寺典簿。长期为官云南，第24任云贵总督张允随，是清朝九位最高级别的封疆大臣之一，总管云南、贵州两省的军民政务。雍正、乾隆两朝中，对云南铜政、军政、少数民族事宜皆有建树。乾隆中，先后筹划云南农田水利，疏浚金沙江水道及大理洱海海口。官至东阁大学士，兼礼部尚书，加太子太保。乾隆十六年卒，谥文和。

水运，正如张允随所称："滇南一省，悬处极边，一入黔境，寸步皆山，商贾罕至，百物昂贵，兼之东（川）、昭（通）两郡，俱系岩疆，产米稀少，节年办解京铜，人众食繁，陆路无从接济。"为此，张允随断言："欲筹水利，非开金沙江，别无善策。"奏本送到了乾隆的手中，通过廷议，权衡利弊后，得到乾隆的应允，"以期一劳永逸"，遂有金沙江水路工程的兴办。

张允随长期为官云南，康熙末即到云南，曾任过楚雄、曲靖诸地知府；后又历任云南粮储道、按察使、布政使等；雍正八年（1730）升任云南巡抚；乾隆二年（1737）尹继善调任期间曾署总督；乾隆五年（1740）又署贵州总督；乾隆六年（1741）复署云南总督，直到乾隆十五年（1750年）升任大学士。历滇、黔30余年，滇省山川地理，风俗民情，边防兵制，铜务水利等，"无不体访周至，熟悉于胸，任所有措施皆合机宜"（方国瑜语）。

接办后，张允随决定将金沙江工程分为上下两段。其中小江口至金沙厂486里为上游；金沙厂至新开滩580余里为下游。上游由宋寿图、陈克复总理承修；下游由曲靖府知府董廷扬总理，昭通、东川府协理承修。

“七盘三峡尽险隘”。据《云南铜志》记载，云南、四川、湖南、湖北共有595个滩头，其中445个不是险滩就是极险滩。疏浚金沙江航道，工程之艰巨，不言而喻。

“兴天地万物之力，开千古闭塞之江”。积薪烧岩，泼水裂石，工程启动。金沙江航运疏导工程，始于乾隆七年（1742），迄乾隆十三年（1748），历时6年。滇省最高官员全程负责，开凿金沙江上、下两游，并沿江开修陆路，统计用过夫役八十八万八千五百六十八工，给过工价、盘费、官役养廉、工食、船只、器具、食米、偿恤等项，共银19.34余万两，已将水运铜斤所省运费银5.26余万两抵补部分投资，照此推算，再加六年节省运脚，即可全抵原款，收回投资。疏浚航道1300余里，共开凿险滩217处。除蜈蚣岭等15处险滩，因为天险而无法施工改修旱路外，其他全部通水路。金沙江航道基本疏通，张允随奏报“尽皆开通”“安然无虞”。于是开始大批运铜。

金沙江流入昭通的第一站是位于东川、会泽

和昭通三地接壤的小江口。以礼河和小江，在这里与桀骜不驯的金沙江相遇，洄水交汇，执意东去。当年，这里水上舟船穿梭，岸上商贾如云。

滇铜经蒙姑小江下金沙江，由南向北，一路顺风顺水，快速漂流至巧家白鹤滩。白鹤滩是巧家县境内的一个特大险滩，本已温顺的金沙江到了这里，又立即被两岸的绝壁削成一条狭窄的汹流，惊涛拍岸，骇浪滔天，故运铜的船一到这里，常常被恶浪掀翻。因此，不得不在这里将滇铜卸船上岸，沿白鹤滩绝壁之上，人工凿出的一条石径往下游搬运，再把货物装上船。滇铜经过绝壁驿道后，再次下江，重启水运之航，在巧家红石岩突然一个 180° 的大回转，由南向北调头昂首东去，一路直下，经永善、绥江、水富进入长江“黄金水道”，“直达京局”。

铜运水道开通后，初获上运米盐百货，下运铜斤之利。整个京铜的 50% 如此运出，乾隆年间，从黄草坪到泸州的运铜船曾多达 452 只，较陆路节省了 20%—30% 的运费。但是，要彻底清除金沙江滩险，并非易事，更不可能一劳永逸。事实上，金沙江金沙厂至叙州新开滩的下游，虽称全线水运通畅，也只能在起剥的基础上航行，到汛期往往不能航行，而黄草坪以上至小江口的上游一直时断时通，运行要多次水陆起剥。

金沙江两岸毕竟山高壁立，滩多水急，险滩重重，巧家白鹤滩，永善老鸦滩、蜈蚣滩，一路都是险滩，水情无常，难遂人愿。冬春枯水时节，船只还可通过，但至夏秋汛期，险情不断，船毁铜沉事故频频发生，消息传至京城，朝野哗然。无奈之下，只得放弃小江口至黄树坪段水运。正所谓“自古金沙不通舟，水急天高一望愁。何日天人开一线，联樯衔尾往来游”①。这里留下了诗人的豪迈和人们无数的艰辛。

其实，乾隆皇帝一直对金沙江水运持怀疑态度，这也是他不断委派钦差督办的原因。在整个修筑水运通道的过程中，乾隆皇帝亲自过问，并多次下旨，督办这一干系重大的国家工程。后乾隆再派钦差舒赫德实地勘察，得出“工程有可用之处。”的结论，但对于蜈蚣岭等15处

① 乾隆六年（1741），昆明缪弘为金沙江起运东川京铜而写的诗歌。镌刻于巧家白鹤滩对面（四川省宁南县跑马区色格乡）的巨石上。上刻“安澜吉水”四字，下面刻有这首诗。

险滩，舒赫德认为，“有损无益”。

金沙江水运失败，乾隆盛怒之下，斥责张“虚图名誉，徒耗钱财”。乾隆十五年（1750），朝廷对张允随降一级调用，其他有牵涉的人员都受到降级、革职等处分。对于舒赫德奏本中所提蜈蚣岭等15处险滩段所支工费8万余两的十分之四由张允随以及同僚赔付。此后，金沙江下游航道逐渐停运。

不过，乾隆对张允随还是颇有好感的，盛怒之后，并没有要张赔还，并告诉张允随不要再追究属下的责任，还时不时写个“福”字、弄点鹿肉赐给远在云南的张允随，以示恩宠，事后还将他调入京师，又予以太子太保、东阁大学士的殊荣。

金沙江水运，倡议开疏者鄂尔泰，率先响应者庆复，接办开修并自始以迄告成者张允随。金沙江为千古未辟之江，山形险要，江道险恶，地质复杂，开江工程极为艰巨，且开支庞大。由于它事关中央财政、清廷统治和边地民生，并没有达到预期的效果。仅取得黄草坪以下至叙州一段通航的成就。“天险非人力可为”，盖因工程实在艰难，已超出当时生产力水平的极限。但工程之浩大，对于东川，甚至对于云南来说，这也是史无前例的航运工程。

（三）鄂尔泰与会泽的改土归流

鄂尔泰（1677 ~ 1745）字西林，号毅庵。满洲镶蓝旗人。与田文镜、李卫为雍正帝最宠信的三个封疆大吏。鄂尔泰出任江苏布政使时，因政绩卓著，被雍正誉为“天下第一布政”。

鄂尔泰 20 岁就因世袭，到皇宫做侍卫。一直默默无闻。康熙五十五年（1716）的一天，皇帝读了其诗文，很是欣赏。命他从此以后不须带刀做侍卫了，改成文员。不久，被任命为内务府慎刑司员外郎。掌管审拟上三旗的刑狱案件。因执法严格，有过必惩，有善必显，受到朝野好评。当时还未立储的雍亲王胤祯托他帮忙，他以皇子应毓德春华[1]，不可结交外臣为理由，婉言谢绝。直到 40 岁，他发出了“人生四十犹如此，便到百年也可知”的无奈感叹。

雍正元年（1723），胤祯做了皇帝，首先就召见了鄂尔泰，对他大加称赞，当年一个小小的郎官，竟能拒绝皇子的请求。若用为大臣，必能

① ﹝毓德春华﹞喻青春年华、少壮之时，修养德行。毓 yù：生育，养育。

刚正无私。雍正派他做云南乡试副考官，乡试未结束，又授为江苏布政使，雍正三年（1725），迁广西巡抚，后调云南巡抚治总督事，累官云、贵、广西三省总督。雍正临终时任命为顾命大臣。

会泽自西汉设县开始，历代中央王朝均采取以夷治夷的“羁縻之治”，通过彝族的奴隶主、部落首领“土官”来进行统治。这种政治制度，一直沿袭了2000多年。

清康熙三十八年（1699），东川的彝族统治者禄氏一族为争夺土府继承权，互相残杀，在后继无人的情况下，主动献土，要求清政府派遣流官治理，这就是会泽历史上有名的“献土设流”，也可以说是第一次改土归流。这次改土归流是不彻底的，会泽土司势力仍然十分强大，清政府派往会泽的流官“长寓省城”，不敢进入，实权仍操于禄氏一族，雍正继承了康熙时的“改土归流”的政策。

雍正三年（1725），鄂尔泰任云南巡抚兼总督，上任后，认为东川离成都有二千余里，鞭长莫及。东川离昆明只有400里，为便于管理，奏请东川由四川改划云南。这时，乌蒙（昭通）、芒部（镇雄）等地的土司，利用两省接壤的地理条件，互相勾结，称霸一方，公开抗拒清王朝。乌蒙等地的土司相继叛乱，云贵总督鄂尔泰开始还采用“议抚”的办法，没有收到效果，他认识到土司制度的弊病和危害甚大，废除土司制度是加强中央集权和巩固边防的根本大计，于是上书雍正，提出：“改流之法，计擒为上，兵剿次之；令其自首为上，勒献次之”①，奏议送达朝廷时，一些文武官员“为之失色”，而雍正大为支持，认为“多一次变动，加一次平定”，雍正大加赞赏：“此奇臣，天赐朕也。”②同时把东川、乌蒙、镇雄三处地方划归云南省，提升鄂尔泰为广西、云南、贵州总督，便于行事。于是自1726年—1731年，一场在西南数省的轰轰烈烈的“改土归流”便全面展开了。

雍正四年（1726）鄂尔泰对乌蒙、东川、芒部三处联合反抗的土司，分化瓦解，10天之内就平定了3个土府，乌蒙、东川设府，芒部设州，委派流官，并在乌蒙镇驻兵（总兵刘启元）。把投降的土司禄鼎坤等三人分别安置在河南和江西。

---

①出自《圣武记·雍正西南夷改流记》鄂尔泰关于“改土归流”的奏议。

②出自《圣武记·雍正西南夷改流记》魏源对“改土归流”的评论。

但是，改土归流在经济上取消奴隶制和农奴制，在政治上废除土司和世袭制，必然会遭到土司的强烈反抗。雍正八年（1730），禄鼎坤的儿子禄万福暗中纠集禄姓大小头目，以总兵刘启元贪虐为口实，煽动土司叛乱。勾结凉山一带土司，串联巧家、镇雄、威宁、寻甸的土司头人，杀死总兵刘起元，云、贵、川三省接壤处的土司群起响应，东川土目起而应之。杀伤官兵，抢劫粮运，折毁桥梁，断绝行路，蛊惑人心。鄂尔泰调动官兵一万余人，分从东川、乌蒙、镇雄三路进行剿灭，双方展开激烈的战斗。乌蒙土司的叛乱，经过 20 天才得以平定，仅东川一路，“烧毁 13 寨，斩获甚众，斩杀无数”；乌蒙一路“击败数万，连踏营 80 余座”。

针对战乱带来的破坏，清政府采取了一系列休养生息政策，促进了东川经济的发展。招民垦种，“给予田地、耕牛、谷种，俾得各安其业。”雍正十年（1732），开垦蔓海（金钟海坝），招民承垦，并免去两年额赋，开采东川铜矿。雍正十一年（1733），设东川府学。乾隆初年，会泽已是“民夷商贾，四方辐辏，食货浩穰”的盛世了。

东川经过改流后，“进行屯田，每年收两万余石；”矿业也有所发展，“矿产税年收万金。”在交通方面，“开通滇、黔路800余里”，在边境地方，“设营安汛”，巩固国防。

纵观鄂尔泰一生，最有作为的事情莫过于改土归流。为官期间，曾到东川考察，会泽土司的一举一动无不牵动着他和雍正皇帝的神经。他是改土归流的支持者、推行者。

清代进步思想家魏源评论鄂尔泰：“鄂尔泰……功在西南，至今百年享其利。”认为这次改土归流“小变则小革，大变则大革；小革则小治，大革则大治……一时之创夷，百世之恬熙。”[①]

鄂尔泰因推行“改土归流”有功，被选拔到北京，出任首辅，首席军机大臣。鄂尔泰一生认真办事，谨慎为官，深得康雍两朝天子的信任。他曾说：“大事不可糊涂，小事不可不糊涂，若小事糊涂，则大事必至糊涂矣。”

（四）振威将军刘昆

刘昆，字玉岩，四川保宁[②]阆中人，祖籍浙江

① 出自《国朝先正事略》卷十三《鄂文端公事略》

② （保宁）治所在阆中。

山阴。刘将军文武兼备，擅长书画、文章，能吟诗作对，力大神勇，武艺过人，屡次立有战功，凭借武战一举成名，调到东川担任游击[①]将军。爱护士兵，体恤百姓，整顿军纪，有大将之才。

雍正五年（1727），刘昆调临元任游击，后任乌蒙游击。时总兵刘启元姑息放纵滇东土司头目，掉以轻心，不管别人怎么说，仍然一意孤行。然土司谋反叛乱，蓄谋已久。众人进言，充耳不闻，刘昆多次劝他提防，刘启元置之不理。刘昆到乌蒙城中时彝族土目突然叛乱。守军犹如草木随风倒伏，溃败逃窜。刘昆快速奔驰，奋起反击，叛军被击败，退出土城，再行围困。叛军人多势大，刘公用计多次击败叛军。要不是刘公阻击，片刻间乌蒙城沦陷，乌蒙城沦陷，随之，东川就朝不保夕，即将陷落。然而，东川能够全力把守，是谁的功劳呢？

后来，叛军猖獗，人多势众。捣坏土城，长驱直入。刘公身先士卒，双方激战，自早晨至中午，刘公亲手击杀数百名叛军，身上10多处受伤，叛军多次退败，又多次进攻，刘将军腰上被标枪击中，

① (游击) 清代武官名。从三品，次于参将一级。

伤势严重，肠子露出三寸多，众人看到这种情况，围着他流下了眼泪，总兵派人到刘公署所犒劳。刘公用绸包扎好伤口，调好汤药喝下，怒目而视，又上马再战，又击毙叛军数百人。终因寡不敌众，刘公出击，叛军退避，之后又云集在一起，士兵护送刘公回营。刘将军自知寡不敌众，于是写下祖父名讳及简历。不能平复叛乱，遗憾终生。在墙壁上题下血诗一首："淋漓鲜血透征衣，报国丹心总不移。"

刘将军力尽阵亡，昭通随之陷落。夫人张氏惊悉刘将军已死，悲痛至极，手刃二女，然后刘将军妻妾双双自杀。只留下一个3岁的幼子，幸免于难。张氏也有绝命诗一首，可惜底稿已经丢失。死后葬在昭通一座山的脚下。巡抚督院鄂尔泰奏报朝廷表彰为国赴难的将士，刘公名列榜首。公开祭奠安葬，每年奉祭，封赏其子。

后来，有一个县搜集昭通遗事，存作志稿，事情的前后过程叙述的最详细，大力表彰了刘将军的忠烈。被郡守厌恶，私下里烧了，人们感到痛惜。然像刘公这样的丰功伟绩、浩然正气，能够流芳百世，岂能磨灭？

刘公原来在东川任职，对东川大有贡献。因此在《东川府志》中特意为他树碑立传。知府方桂写了《刘将军事略》，清廷赐他“振威将军”称号。

（五）政绩卓著的崔乃镛

崔乃镛（1861 ~ 1753），字伯璈，号餐霞，陕西同官县人，清康熙五十九年（1720）进士、翰林院庶吉士。

清雍正三年（1725），崔乃镛调任寻甸州知州，在任期间，上书陈述将东川府由四川改隶云南的诸多好处。雍正四年（1726）清政府下令将东川府划属云南。雍正八年（1730）底，崔乃镛被任命为东川知府。临上任前，云贵广西总督鄂尔泰问他：“东川屡次动乱，你去后如何治理？”崔乃镛说：“东川是彝族聚居之地，改土归流后，彝汉团结，才能长治久安；东川一地田亩不清，赋税不均，亟需清理调整。”鄂尔泰十分欣赏他的见解，并指示：“东川土城，城高不满六尺，如发生大的战乱，难以防守，要审时度势，进行修建。”

雍正九年（1731）正月初一，崔赶赴东川任上，沿途目睹战后的惨景，“四境村庐，尽成墟野，颓墙败砾之间，唯见嗷嗷老稚呻吟于严霜冻月下”。走马上任后，下村视察，见住房多处被毁，饥寒待毙，于是逐村逐户发放救济银两，修毁战乱后的房屋，购置牲畜、农具、籽种，安定民心，劝农耕作。

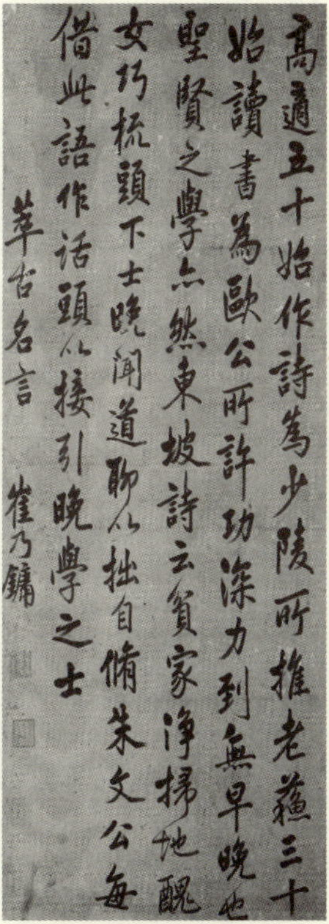
崔乃镛的言志诗

为改变会泽县城环土为城、城墙低矮、难经风雨的现状，实地踏勘、规划并上奏朝廷，建议修筑石城。获准后，他立即从云南各地招募大批能工巧匠，用五面石支砌，建造会泽石城，共出工42万余个，耗银3万余两，于雍正十年（1732）10月竣工，历时一年半。石城呈长方形，方圆三里，分为内城和外郭两部分，在东西南北分别修建了四座城楼，其后又相继引水入城，造塔添景。

东川府城建成后，崔乃镛撰写了《创建东川府石城记》，云贵广西总督鄂尔泰则作了《题东川城门说》，认为东川府治，东界威宁，西距建昌，南通寻甸，北连乌蒙（昭通）。故东门曰“绥宁”，西门曰“丰昌”，南门曰“藩甸”，北门曰“罗乌”。正所谓“取以名四门，则用绥威宁，校丰建昌，作寻甸之屏藩，为乌蒙之罗网意也”。鄂尔泰所题写楼名用典丰富，意义深邃。

石城壮丽，时任云南巡抚的张允随亦感叹道：“壮哉是城，南倚灵璧，北临蔓海，东跨云弄，西北控金沙，具江山之胜。”然造化弄人，石城仅建成一年后，东川府发生强烈地震，震级为 7.8 级，会泽石城严重受损，其后几经修复。

雍正十一年（1733），也就是石城建成一年后，东川大地震，东川府学亦遭到严重破坏，崔乃镛个人捐银 500 两，修葺文庙，并派知县祖承佑、教授梁兴祚负责文庙的修葺工作。在任期间编纂的《东川府志》（雍正）开创了东川府编志的先河。尊师重道的崔乃镛深获士子们的敬重。升任湖北粮道后，还两次给东川学生杨璋等人写来信函，勉励他们。

崔乃镛非常重视农业生产，在《劝农亭记》中指出："农者，民之命也，国之本也，有司不惜民命，则治失其本。"曾到者海坝子劝农督耕。当时者海不种水稻，只种一些苞谷和荞麦。他见坝子中间有一湖泊，四周水草茂盛，便促民改田种稻，秋天，坝子里长满了金黄色的稻谷，当年种植的水稻获得了大丰收。老百姓惊喜地说："自古以来，此地不可耕种，太守崔公今岁始营田，稻谷即熟。"

以礼铜运古道是东川府汤丹、因民方向各厂铜矿采炼后，运输交府城（会泽）集散的主要线路，雨季以礼河洪水上涨，运铜夫役苦不堪言。崔乃镛经实地调查后，捐资于以礼河修筑堤坝，并在堤坝两旁栽种桃柳，不仅使驿道畅通无阻，农田的安全也得到了保障。后人心怀感恩，把驿道的以礼长堤称之为"崔堤"。

乾隆二年（1737）6月，崔乃镛因政绩卓著，升任湖北粮道，离开了供职7年的东川府，供职14年的云南。但在任3年就遭权臣诬陷而停职。

（六）人民感念的知府义宁

义宁，满州正白旗人，进士出身。清乾隆十八年（1753）至二十三年（1758）任东川知府。在任期间，办教育、开铜道、兴水利等一系列惠民善政之举，深得人心，为民爱戴。百姓为了感激他而建了祠堂。

清乾隆二十年（1755），当他看到会泽坝子万亩良田靠雨水栽插，栽早则无水，迟栽易受冻时，便亲自出马，循河而上，踏勘地形，申报获准，修建新河，当年开工，次年竣工。新河深宽各五尺，由城西马鞍山脚引以礼河水流经乌龙募龙潭，汇龙潭水经县城北门外，由西向东，直抵华宜寨溜沙闸，全长 30 千米。灌溉海田，兼润高田。河首以石筑坝，坝上建分水闸一座，沿河放分水涵洞 108 个，引水灌溉农田，经鱼洞河泄入以礼河。该河兼供水、蓄水、泄水多种功能，是明清以来会泽水利设施中利用价值最大的人工灌渠，义通河成为了灌排两用的河流。

同时，制定了“白日归东，夜归西”栽插季节的农田用水规定，引以礼河水灌溉金钟坝子田地 2 万余亩。1757 年，地方人士感念义宁的功德，建“义公祠”，落成后请他题匾，他坚决推辞，拒不接受，将匾改题“金钟书院”。后人为纪念知府义宁开河之功，称新河为“义通河”。

“义通河”修成后，“蔓海秋成”终于名副其实，真正成为“东川十景”之一。光绪三年（1878）任东川知府的蔡元燮在《蔓海秋成》一诗中有诗云：“蓬莱清浅时，海田沧桑变。”举人陈鸿图在《东川杂诗》赞道：

义通河水绕东城，灌溉田畴万顷平。

昔日曾来贤太守，于今蔓海庆秋成。

为充分利用义通河的水能，义宁又在龙潭以下，北门以上，水流湍急处建水碾6盘，租赁经营，每盘年收租米50石。

会泽的水利建设，始于清雍正三年（1725），乡民疏通城西的龙潭左、右两渠。后两年，东川知府黄士杰在“一望芦苇浸波，藻荇交错”的金钟坝子开左、中、右三河，分泄蔓海之水，招民垦田种植。雍正十年（1732），知府崔乃镛治理者家海，试种稻谷成功。比较而言，知府义宁修建的义通河、鱼洞倒闸、娜姑上水洞，使金钟、娜姑坝子得灌溉之利，会泽海坝的数万亩海田由于得到义通河水的灌溉，保障了按节令栽插，确保旱涝保收，谷物丰收。故前人有诗赞道“孰使海田沧桑变，前有黄公后义公。”正如义宁在《新河水碾记》中所说：“若此者，大则资灌，小者济公用。因所利而利之，不劳民力，不亏帑项，经营两载，告厥成功。盖府名东川，县名会泽，庶不负顾名思义之道。”

义宁非常重视教育。刚到知府任上，看到建于东门外的西林书院面积狭小，地处闹市，不宜作为学习之地。正想另找一个合适的地方搬迁扩建，恰好前任知府夏昌的住宅求售，这里离县署很近，环境清静，宅院宽绰，前有门庑、堂廊，后有楼台、亭榭，实在是一个读书的好去处。于是捐银400两买下，将西林书院迁入，改西林书院为“日新书院”，使书院的学习环境大为改善；同时，又将义通河的两盘水碾房拨给书院作为校产，年收租银135两，使书院增加了一笔可观的固定经费，保证了书院的发展。

义宁执政东川时，正值东川“京铜”的鼎盛时期。万里京运，道路崎岖艰险，每多走一里弯路都要付出若干的银两和汗水。乾隆十九年

（1755），义宁亲率随行人员，历时两个月的艰难跋涉，终于勘探出一条比原来运输道路近得多的小路，即由府城经龙王庙—黑土基—红石岩，迤车汛—朵格塘—江底—桃园—昭通再入四川，并捐资加宽路面，修建桥梁，大大缩短了运距，节省了运输费用。义宁新扩修的这段京铜运输道路，后来成为云南入川的主要驿道。

义宁在会泽期间，写有《重修龙潭神祀记》《新设日新书院碑记》。

（七）进入军机处的云南第一人：李汝辑

李汝辑，字济川，会泽金钟大围墙人，后移居会泽县城二道巷“十道大门”，因李氏建有十道大门，故名。门头悬挂有“进士第”“总镇府”“贡生”“刑部主事”“郎中”“兵备道台”“军机处行走”等金字匾额10道。

李汝辑的父亲李振远，进士出身，被委任为陕西凤翔府参将，后因立功，提升为潼关总镇（总兵），继升军门（提督）。李汝辑，进士，孙辈李熙庭，进士，分任东川守备（清朝管理军队总务、军饷、军粮职务的正五品官）。一门三进士，名动四方，显赫一时。

清初，每6年一次，乾隆七年改为每12年一次，即逢酉岁，由各省学政选拔文行兼优的生员，贡入京师，称为拔贡。在道光丁酉年（1837），李汝辑成为拔贡生，道光戊戌年（1838）经过朝考，以一等第一名的成绩，签批就职于刑部，任刑部员外郎中等职，他也是云南考入军机处的第一人。在军机处任上20余年，恪守为官之道，举止言行一丝不苟，和同乡黄渠卿等人被赞许为圣贤中人。咸丰丁巳年（1857），在京官员考核中获一等，同年2月被引荐，分派到四川任审判定罪的官员——谳局承审官，6月到任，多决疑案；第二年8月，就任四川保宁知府，就任后，广泛调查，体察民情，不到2个月就处理了100多件积案。当地百姓苦于夫役，前知府不肯减免，他极力恳求上司酌情减免，百姓称赞他为父母官，于是，题写“拨云见天”匾额送他。时隔两年，奉上司命令前往广元茑嘴崖查办要案，沿途数百里人迹罕至，由于天气炎热，病毒流行，疲于赶路，染上瘟疫。返回后，见学校武童射击比赛不理想，更加重了病情的恶化，病故后，当地百姓悲痛至极，为他立了祠堂。

在办案途中，李汝辑写有叙事长诗《沿途纪事歌》，描绘了沿途的地形地貌和行路之艰难，水程山程都难走，今朝方才见一斑。“此途冷落车马稀，买舟达旱亦崎岖。”“一滩未平一滩来，水势奔腾震若雷。舟子循岸努折腰，四十八滩大波涛。”；流露出了“一日劳劳无几里，人病焦急几不起。”“不能兼程并克期，此时负咎已难辞”的焦灼心情；抒发了“造得龙舟从此渡，一兴大利富全川”“得安人处且安人，留与儿孙后代福”的理想抱负。

（八）会泽土陶的创始人：邓伯生

邓伯生（?—1728），湖南宝庆府（今邵阳市）武冈市人氏。清康熙三十八年（1699）移居会泽挖泥寨，为当地烧制砂锅、茶罐，是会泽土陶的创始人。

康熙年间，东川铜矿产业兴旺，大批湖广湘黔商人陆续进入东川办矿经商。邓伯生到东川后，先寄居卡郎、黑土基一带，后来发现挖泥寨土质优良，适宜烧制土陶器皿，便率先举火试制。最初，只是烧制铅罐供矿山冶炼之用，颇受欢迎。但邓伯生孑然一身，生产、生活上有诸多不便，即返湖南。以后铅罐烧制中断，当地彝民虽试烧数窑，但因技术不佳，火候掌握不准，质量终未过关。东川府官和矿冶厂方只得派人到湖南再次把他请来。邓伯生再次返回时，还邀约了其表兄林姓、姜姓连同家属一举南迁，定居挖泥寨。

邓伯生从湖南带来了脚踏转盘、锯弓、刮板等制陶工具，建起了牛尾窑、回风窑，扩大了铅罐生产。他与当地村民朝夕相处，日久感情笃厚，便将全套制陶工艺传给赵、李、尚三姓彝民，以后又有钱、苏二姓也掌握了制陶工艺。邓伯生身怀绝技，触手成器，点泥成金，火中取宝，世代相传，造福后人。

随着社会的发展和生产生活需求的变化，挖泥寨土陶的生产流程、工艺技术也逐步改进，继而又烧制出砂锅、茶罐、瓦盆、瓦罐等生活及生产用品。这些质量上乘的土陶制品一上市，便销路大开，甚至四川、贵州商人也远道前来收购。一时，小小的挖泥寨名声大噪。邓伯生也被世人尊称为“砂锅邓”。

邓伯生于雍正元年（1723）2月去世，后人感念其创始传艺之功，于乾隆二十七年（1762）

为他立墓祭祀，以示缅怀。数百年来，每逢年末除夕和开窑焙烧之日，这里的村民都要端着全鸡鸭、猪头和酒水，到他坟前上香化纸，燃放鞭炮，祭奠一番。据当地人讲，祭供之后，开窑大吉，诸事如意。

挖泥寨的泥，颜色白而微黄，粘性强而不易断裂，又含有石英，具有抗腐蚀、耐高温和无有害杂质的特点，是烧制土陶器皿的上乘原料。用挖泥寨的砂锅煮米煮肉，味道喷香，用茶罐炕茶，清香扑鼻，别具风味。清光绪年间东川知府冯誉骢曾赋诗赞道："华泥寨畔土膏匀，小小茶铛制特新。贮月分红随处好，又添清兴与诗人。"①这里的彝民祖祖辈辈继承了烧制土陶的传统，并一代一代沿袭下来。至今，挖泥寨已经成为一块"点泥成金"的宝地。

挖泥寨烧制花瓶、花盆、茶壶、茶盅、五梅花香料杯等，这些器物造型古朴，油彩沉着，折

① 出自《翠屏诗社稿》。土膏（tǔ gāo）肥沃的土地。茶铛（chēng）煎茶用的釜。"釜"表示一种器物，圆底而无足，必须安置在炉灶之上或是以其他物体支撑煮物，釜口也是圆形，可以直接用来煮、炖、煎、炒等，可视为现代所使用锅的前身。贮（zhù）月：贮积用瓢舀水，仿佛把月亮也舀进瓢里。贮：储存，存。贮藏。清兴：清雅的兴致。

射出当地村民朴实善良的品格。

（九）放眼看世界的会泽人：刘盛堂

刘盛堂（1860 – 1923），字克升，号怡园，云南会泽县古城人，其父刘昭銮中过举人。

刘盛堂于光绪十五年（1889）中进士。光绪十八年（1892），任广东开平县知县。刘盛堂提倡实学，创建风山书院，捐银购置书籍，每天与读书人研究经史子集，士大夫、读书人的风气为之大变。

任上，邻县盗匪屡次到开平县抢劫，刘盛堂多次发函，恳请缉拿法办，都遭到了拒绝，于是派人越境捕获盗匪归案，由此被罗织罪名，光绪二十二年（1896）被解除职务。

光绪三十年（1904），刘盛堂与袁嘉谷等23人获选官费留学日本，在日本速成师范学校学习，并致力于考察学务。留学期间，加入同盟会。光绪三十三年（1907）学成回国，任昆明贡院督学。

光绪三十四年（1908），刘盛堂返回会泽，在家中的“迎晖堂”创办了会泽第一所新式教育的爱国小学堂，并亲自为爱国小学堂编写了教材《云南地志》，这是云南最早的乡土教材。学校创建之初，实行男女同校，实行双语教学，在全市乃至全省首开先河。第二年，又征得楚黔会馆的同意，南岳宫创建了楚黔小学，被推举为首任校长。光绪三十四年（1908）纂修《云南地志》二卷，出版者爱国小学堂，版本为石印本，国家图书馆有藏。

民国初年（1912）3月，刘盛堂倡导创建了滇剧组织“清明会”，任会长。下半年，改名翼教社。此时辛亥革命新思想的浪潮波及会泽，刘盛堂带领学生推倒城隍庙内塑像，从家里的妇女做起，倡导妇女不缠足，又带头剪辫，剃成光头，人称“刘大和尚”。

刘盛堂热心发展地方实业，先后担任矿务公司临时总办、总办，对矿山生产管理制度进行了一系列改革，号召种植桑树，养蚕抽丝，从四川聘请纺织技师，于楚黔会馆南岳宫内成立织布公司，招收女青年学习木机织布技术。

民国12年（1923），刘盛堂病逝后，织布业界为他在会泽县城西门外立“功德碑”纪念他。

刘盛堂有四子：长子刘尧民，终生从事教育工作，曾任云南大学教授、中文系系主任。次子刘治熙，1928年毕业于河北唐山交通大学土木工程系，曾任滇北矿业公司协理，同时在会泽管理楚黔中小学，并积极推广科学技术，曾在刘家祠堂自费创办东臬农场。1949年任中华人民共和国第一任会泽县民选县长、人民代表，后调云南冶金四矿工作，又调云南冶金设计院。三子刘治康，实业家，1935年起任鑫泰矿业公司经理，1949年后曾任昭通地区人民代表、东川市人民代表、会泽县人民代表。1953年2月10日，由西南有色局作价收买鑫泰公司，交由会泽铅锌矿收归国有。幼子刘治隆，1942年云南大学毕业，为云南省设计院高级工程师。

（十）把一生托付新疆边防的会泽人：牛时[①]

牛时（?—1933.1），字正中，会泽县钟屏人。牛时自幼聪颖，志向远大。清光绪年间，其父牛培元授官省城，牛时随往就读于陆军小学。毕业后，以优异的成绩考入湖北陆军中学，不久进河北保定陆军军官学校学习深造。

1911年9月，牛时参加辛亥革命武昌起义，

① 内容主要来源于《会泽县志·人物传》，有删改，标题为作者所加。

任汉阳总司令部参谋，后转至上海参与北伐。任振威军队长，率军驻防湖北省长江北岸的黄冈、汉口。1912年调上海任光复军连长。当时的新疆提督云南人杨增新，仰慕牛时才华，聘调其任察罕通古后路总教练官，牛时赴新疆伊犁，对哥老会人晓以大义，使其以国家民族为重，遵纪守法，而获六等文虎章奖，授衔陆军上校，升任镇边使署高等军事顾问。

1915年晋升为伊犁镇守使署参谋长。1916年，部分俄国人逃窜伊犁，牛时亲自到边界特克斯川与俄方协商安置，促成边界和睦，为巩固边疆，走遍了边防要隘，测绘山川地形，居雪中数月，整理所得资料，著成《边防撮要》一书。1917年，授衔陆军少将，兼任骑兵团长。1920年奉令行伊犁镇守使权，而戍边10余载。期间屡建功勋，被任命为全省总司令，奉令补授陆军中将衔。牛时兼任伊霍绥禁烟提督时“民不苛扰，而事就理”。1925年听说家乡受灾，解囊资助。1926年捐黄金7万两疏凿边城河道，灌溉民田数千亩。边民深感其德，牛时一生从事军事外交，殚精竭虑，“年事寝衰”，思乡心切，欲解甲回乡未获准。1930年，牛时辞职回故乡，边民泣于道旁送别。至焉嗜，省主席金树人想挽留他，电请国民政府任其为焉嗜区行政长官而滞留该地 2 年。

在新疆内乱中，1933 年 1 月 3 日遇难。1934 年秋，周氏及二子舜宗、禹宗行乞至迪化，善后督办盛世才悲愤至极，从焉嗜把牛时的灵柩运回省城，设灵位悼祭，事毕由舜宗等扶柩回滇，1935 年至会泽，停柩于牛氏宗祠。乡绅人等念其功勋，请穿城二转。后灵柩运昆明，到达时，军官五分校主任唐继麟率会泽籍学生，迎柩于拓东路古幢公园，不久葬于昆明。

（十一）护国元勋唐继尧

唐继尧（1883.8—1927.5），又名荣昌，字蓂赓，别号东大陆主人，又称唐会泽，会泽金钟人。先后参与策动“重九起义”、发动“护国运动”、领导“护法靖国”，与蔡锷、李烈钧并称“护国三杰”。是一位“护国立奇功、治滇有善政”[①]杰出的军事家和政治家。

唐继尧 6 岁入私塾读书，聪慧过人，勤奋好

①云南省党史学会原会长、省书法家协会原主席李群杰题唐继尧像，对唐继尧做出的公允评价。

学，过目成诵；学诗作文，必独出心裁，其试卷“阅卷者多器重有加”。15岁应童子试，名列榜首。

光绪二十八年（1904）唐继尧考取官费留学，21岁的唐继尧东渡日本。初到日本的唐继尧没有按父亲的要求去学工科，他深知中国所处的危险状况，所以改入东京振武学校，在日本军事学校学习期间，他系统地学习了日本的军事理论。唐继尧“倜傥有大志”，入振武学校不久，就在一枚水晶图章上镌刻下“东大陆主人”，在这个时候，他看到了中国多年积弱不堪饱受列强欺负的现状，立誓用自己毕生心力，致力于国家的富强，让中国做东大陆的主人。因此，他给自己取了一个别号叫做“东大陆主人”，后来他在云南建立的东陆大学、东陆时报等，莫不来源于此。

20世纪初的日本，是中国留学生、政治流亡者和职业革命家活动的中心。1905年，孙中山领导的中国同盟会在日本成立，唐继尧便成为首批加入同盟会的37名元老会员之一，追随孙中山。以“驱除鞑虏，恢复中华，创立民国，平均地权”为革命目标，投身于革命实践，并参与了同盟会云南支部的机关刊物《云南》杂志的组织工作。

1906年唐继尧在振武学校毕业后，经过短期见习，考入日本陆军士官学校第六期，和赵恒惕、阎锡山等人同期。1908年，唐继尧以优异成绩从日本陆军士官学校毕业，学成回国，游历东北，凭吊日俄战场，又到北京，在保定观秋操①。

1909年，26岁的唐继尧返回云南，先后任云南督练公所提调、云南陆军讲武堂教官、新军第十九镇参谋官及七十四标第一营管带② 等职。1911年10月10日辛亥武昌起义后，唐继尧参与了昆明同盟会员的5次秘密会议，决定发动昆明起义，并推举当时任新军第十九镇三十七协协统（旅长）的蔡锷为起义军临时总司令。“重九起义”战斗中，唐继尧指挥第七十四标第一营，直扑总督署。经过彻夜激战，终于在刘存厚、庾恩旸的协助下冲入总督署，守军全部缴枪投降，义军占领了清王朝在云南的最高统治机关。革命志士以牺牲150余人，负伤300余人的代价推翻了清政府在云南长达250多年的封建统治。“重九起义”胜利后，11月3日正式宣告成立了云南军政府，公推蔡锷

① 清末秋季操练与检阅军队。

② 相当于今天的营长。

为云南军都督府都督，唐继尧因策划、领导和指挥起义，率部占领总督署贡献巨大而被推举为新成立的军都督府参谋部次长。

云南新政府成立之初，进行了若干改革，并派兵援川、援黔、援藏。1912年1月后，蔡锷派唐继尧率一个梯团援黔，唐继尧率领3000滇军，于1912年3月，突袭贵阳，代平黔乱，云南伤亡将士100余人，贵州及周边人民得以安身立命，休养生息。唐继尧被推为贵州临时都督。同年4月，袁世凯北京政府又正式任命唐继尧为贵州都督，晋升陆军中将，加上将衔。唐继尧督黔一年零八个月，颇有建树，贵州人民为他建生祠，立记功碑，离开贵州时，士民“哭拜相送”。1913年11月，蔡锷调京，唐继尧继任云南都督。30岁的唐继尧走上了云南权位的高峰。

1912年，辛亥革命推翻了两千多年的中国封建帝制，成立了中华民国。然而，孙中山领导下建立的中华民国南京临时政府成立还不满100天，辛亥革命的胜利果实就被北洋军阀袁世凯窃取。举国愤慨的是，1915年5月，袁世凯与日本签订了卖国的“二十一条”，随后在12月12日公然宣布复辟封建帝制，一系列举动将中国置于“亡国灭族”的危险中。

1914年袁世凯称帝的野心刚一露出，唐继尧就立即从各方面作了武装讨袁的充分准备。从9月11日到11月3日三次召开讨袁秘密会议，密定了出师计划，进行了军事部署。12月17日，蔡锷在唐继尧派人保护下逃脱了袁世凯的追杀，进入昆明。此时，云南武装讨袁的军队、粮饷、军火、计划都已全部准备就绪，蔡锷感叹地说：“真是出乎我的意料，你们已经样样都准备好了。”

唐继尧

1915年12月22日夜间10点钟，唐继尧、蔡锷、李烈钧、任可澄等39名核心人物(《云南护国简史》)，聚义于昆明五华山光复楼将军行署礼堂，结盟立誓。仪式由唐继尧主持，与会者刺破自己手指，将鲜血滴在一个玉石制作的大酒樽里，然后把共同宣读完毕的誓词焚烧化成灰与樽中血酒混合，各饮一杯，以此表示护国讨袁、至死不渝的决心，三次高呼

“共和万岁”。12 月 25 日，唐继尧领衔通电全国，宣布云南独立，并将云南军整编为三个军。蔡锷为护国第一军总司令，征讨四川；李烈钧为护国第二军总司令，征讨广西；唐继尧为军政府都督兼护国第三军总司令，坐镇云南，指挥武装讨袁。1916 年 1 月 1 日，护国军在昆明誓师，唐继尧发表了《誓师文》。袁世凯通过美国公使以“亲王”爵位和 300 万银圆巨款拉拢唐继尧，唐不为所动。护国军作战英勇，粉碎了北洋军的进攻，袁世凯不得已于 3 月 22 日宣布取消帝制，继任总统。唐继尧不承认袁世凯的总统资格，要求对袁进行公审。5 月 8 日，南方独立各省在广东肇庆成立护国军军务院，推举唐为抚军长。6 月 6 日，袁世凯在全国一片讨袁声中死去，护国战争胜利结束。

护国运动爆发前的云南，人口仅有 1000 多万，兵员不足 2 万人。就是这样一个地瘠民贫的省份，带头发动了护国起义，并引发了全国的反袁护国运动，进而避免了一场民族危机。这是中国历史上首次由云南发起，进而影响全国历史进程的重大事件，云南是再造共和的首要力量。在护国运动期间，云南人民为护国运动做出了巨大的贡献和牺牲。云南承担了几乎全部军费，云南停办中等以上的学校达数月之久，征调了几乎全部骡马保证运输，云南护国将士2000名血洒疆场，3000多人负伤。白族历史学家，诗人和书法家赵藩，则以“震动乾坤奋一推，横摇诗笔万魔摧”的诗句，歌颂了唐继尧的护国功勋。唐继尧被孙中山先生誉为“再造共和”的“南天一柱”。

1917年7月，张勋复辟，孙中山倡导“护法”，唐继尧积极响应，毅然发动云南靖国运动，被推举为八省靖国联军总司令。9月，广州非常国会选举孙中山为军政府大元帅，唐继尧、陆荣廷为元帅。1921年，孙中山第一次在广州就任中华民国大总统，任命唐继尧为滇、粤、桂联军总司令，唐婉言谢绝。1924年唐讨伐曹锟贿选总统，在昆明召开川、滇、黔、粤、桂、湘、鄂各军会议，自称七省建国联军总司令。9月，孙中山决定北伐，再次举唐为副元帅，唐又拒绝。1925年1月，陈炯明乘孙中山北上分三路进攻广州。唐也出兵，占领南宁，又攻柳州，进逼广州。唐继尧于3月18日通电全国在昆明就任副元帅职。1927年2月6日，昆明、蒙自、大理、昭通四镇守对唐实行

“兵谏”，唐被“拥戴”为有名无实的“总裁”；5月23日在昆明忧愤辞世，享年44岁，云南当局举行公葬。

抗战初期，感念唐继尧护国之功，国民政府于1935年为唐继尧颁布“褒扬令”，明令褒扬；于1936年改公葬为国葬，1937年国民政府为唐继尧补行国葬礼仪，并委托意大利雕塑家设计并铸造了唐继尧戎装立马纪念铜像，立于大观公园观音寺原址，供世人瞻仰，并举行了盛大的“唐继尧铜像揭幕典礼”。

唐继尧是滇军的创始人和领导者之一，主政云南近13年中，开创了云南历史上当之无愧的“唐继尧时代”。在唐继尧督滇的13年中，加强国防军事，开展教育兴滇，繁荣文化艺术，加快基础设施建设，促进商业贸易，实施实业富滇，开创了西南乃至全国的多个第一，为云南的经济社会发展做出了重要贡献。

（十二）光复首功的黄毓英

黄毓英（1885 ~ 1912），字子和，云南会泽金钟人，光绪年间进士黄德润之子。黄毓英早慧聪颖，四岁能识字背诗；性格刚毅，遂以“子和”

黄毓英

字诚之。是一位“要中华，不要文凭”“要革命，不要结婚”的革命家，与杨振鸿、马骧被称为“云南革命三杰”。

1903 年，黄毓英自费东渡日本留学，学习陆军，接受严格的军事训练，他善于思索，成绩优秀。1905 年，在东京加入同盟会。因日本文部省颁布取缔清国留日学生规则，愤而退学回国至上海参与创设中国公学，次年复东渡日本留学。

1908 年，总部决定派他和杨振鸿急驰回国，充实云南河口起义领导骨干。距毕业仅一个月，黄毓英毅然决定“取其实，遗其名”，取道香港赴河口，至香港得知起义失败，便改道新加坡找到孙中山，取道缅甸入滇，途经仰光，筹创《光华日报》，成立同盟会仰光分会，被选为会长，他奔走于缅甸和腾越一带，在土司、清军、义士中鼓动革命，待机举义。辗转于盈江、腾冲等地，奔走于保山、大理之间，进行革命活动，长期出入不毛之地。1910年，创设自治团体会，联络边防营与新军，被滇西各属推为主盟人，统全滇革命军。随后至昆明，进入云南新军，积极从事革命活动。期间，其父多次来信，催促他回家结婚，他回信说："国且将亡，家于何有？且革命者，固九死一生，若有妻子，则生足以累己，死又累人，愿鉴愚衷，勿复相强。"

1911年10月10日，武昌起义爆发，黄毓英时任滇军排长，奔走宣传，被当局下令免职。同年10月28日，革命党人再次密议于唐继尧家中，共商起义计划。蔡锷见他："头角峥嵘，目光四射，大奇之。"有人对发动起义迟疑未决，黄毓英主张立即起义，并说："今事已急矣，君踌躇，我必先发，事败被获，必首诸君同谋。我死，君等度不能幸生。"并力主蔡锷为起义军临时总司令。遂定于10月30日夜三鼓举事。傍晚，黄毓英在给士兵分发弹药时，被反动军官唐元良发现，他当机立断，开枪击毙唐元良，打响了重九起义的第一枪。他英勇顽强，身先士卒，率领敢死队，翻越昆明北门城墙，破开城门，大部队迅速包围五华山、军械局，同守敌鏖战，战斗结束时，已浑身是血。黄毓英“冒奇险，建殊勋”，被誉为“光复首功”。

云南都督府成立后，出兵援蜀、援黔。黄毓英任第二梯队大队长，率部支援川、黔革命。深受川、黔人民欢迎。1912年5月7日，黄毓英奉命回滇，行经思南府属地，这一带山高路险。大队先行，毓英单骑断后，于路旁草丛中埋伏的匪徒，忽向其连发数枪，他猝不及防，连中数弹，遇害身亡，年仅28岁。三迤人民为其铸铜像，并于翠湖兴建“黄武毅公祠”，孙中山题匾“乾坤正气”。时滇军都督蔡锷为其撰写了《黄武毅公墓志铭》。

黄毓英与唐继尧是同乡，早年留学日本时，资助过唐继尧，两人是生死患难的故交，唐继尧得知黄毓英将军遇刺身亡后，满腔悲愤，无处诉说，只得向苍天发问，以问天为题，写下了悼念黄毓英将军著名的《问天歌》[①]，以释痛苦之情。其中有两段这样写道：

问天歌，问天歌，歌长又奈将军何？

---

① 引自李世沛著《唐继尧诗祥注通解·附录一·诗歌》《问天歌·悼念黄毓英将军》，2015年12月第一版，云南人民出版社。

汉家光复功最多，援川奏凯到牁牂。
狭路偏逢许贡客，大星耿耿堕天河。
问天歌，问天歌，歌长果奈将军何？
营门大树尚婆娑，不见将军树下过。
自古英雄谁不死？话到来歙泪滂沱。

（十三）护国勇将邓泰中

邓泰中（1886 ~ 1928），字和卿，会泽金钟人，唐继尧表弟。邓泰中少时读旧学，性格豪爽，有抱负，重友谊，善思考。1908 年就读于日本东斌学校，在东京加入同盟会。归国后入云南陆军讲武堂二期深造，历任滇军排长、营长、团长、旅长、云南警卫军司令官、靖国联军第一纵队指挥官、四川宣慰使，1928 年晋升为陆军上将。

邓泰中

1908 年，邓泰中尽家中所有，又得亲友资助，自费到日本东斌学校学习。在东京创办《云南》杂志，鼓动民族革命。1911 年 10 月武昌起义后，参与策动“重九起义”，晋升邓泰中为营长。1912年随师援川，任大队长。1915年，袁世凯破坏国会，邓泰中等人合资创办《滇声报》，揭露袁破坏共和的罪行，谴责袁失地丧权，呼吁惩办卖国贼。8月，袁世凯图谋称帝，邓泰中等邀集中下级军官在昆明西山举行秘密会议，谴责袁世凯背叛民国、复辟帝制的罪行。12月9日，邓泰中、杨蓁所属第一、七两团，奉唐继尧之命，以剿匪为名，向四川进发，伺机进取叙府（宜宾市），军至途中，改编为护国第一军第一梯团第一、二支队。时蔡锷尚未入滇，邓、杨支队行动神速，抢占了盐津老鸦滩，打响了护国讨袁第一枪。

1916年1月15日，邓、杨两支队到达四川边界的滩头、燕子岩等地，与前来防堵的北洋军发生激战。战斗中，邓泰中身先士卒，冲锋陷阵，人称“邓拼命”。邓、杨两支队密切配合，渡关河，越金江，相依扑进，护国战争胜利，邓泰中晋升为旅长。

1922年，顾品珍委任邓泰中为援桂军总司令，邓辞任游历上海。当时陈炯明叛变，孙中山退居上海，邓泰中与孙中山来往甚密，正值滇军将领范石生、蒋光亮率军至广西梧州，邓急电范、蒋

2人，迅速入粤，共平陈乱。滇军从梧州出发，势如破竹，直下广州，陈炯明部向东江溃逃。

1923年，孙中山回到广州，委任邓泰中为元帅府陆军部次长，当时陈炯明盘踞东江，派洪兆麟等进攻广州。邓泰中跟随孙中山至石龙督战。扫平陈乱后，孙中山委任邓泰中为四川宣慰使。1928年，国民政府特授邓泰中为陆军上将，继而派往江西，在从江西乘船返回南京浦口时，被日本轮船撞沉，落入江中遇难，寻捞上岸，入殓追悼，运回昆明安葬，时年42岁。

（十四）护国二将军：唐继虞、唐继麟

唐继虞（1890–1939），原名继禹，字夔赓，唐继尧之叔伯兄弟，云南会泽县城堂琅街人。唐继虞幼读儒书，清末愤帝制腐败，立志复兴中华，遂与长兄唐继尧弃文习武，唐继尧游学东瀛日本入士官学校，唐继虞求学于云南陆军小学堂。

唐继虞毕业后，入清陆军十九镇三十七协第七十三标第一营排长。1911年10月30日，率部参加辛亥革命云南重九起义，直捣云南督府，光复成功，之后，任云南陆军讲武堂教官。1912年，唐继尧出滇北伐，援黔有功任贵州都督，唐继虞出任贵州军警局局长。1913年任贵州警察厅厅长。1913年11月，唐继虞随唐继尧部滇军返回云南，任滇军混成团团长，云南军都督府警卫第一团团长。1914年底，唐继虞出任云南省会警察厅厅长，云南全省警务处处长，后改任滇军警卫军第一团团长。

1915年12月，袁世凯欲称帝，蔡锷被诱，调北京委以要职，蔡锷推举唐继尧接任云南都督，唐继尧已察觉袁世凯的阴谋，于是就积极培养讲武军事干部，起用省内贤才人士，联络省外革命同盟会员，策划反对袁世凯。11月中旬，获悉蔡锷设计逃出北京，准备南下，唐继尧派唐继虞迅往香港迎访蔡锷，并迎接李烈钧来滇，共图大事，唐继尧对唐继虞说："我与蔡公，义属同胞，情同手足，同志倒袁，莫逆于心，弟见蔡公，告以滇中诸事具备，只待蔡公来借东风发兵，即举义旗，更勿犹豫也。"唐继虞奉命亲自率队迎接，途中遇李烈钧，唐继虞将唐继尧嘱意转达李烈钧后，请李烈钧随邓泰中先赴昆明，唐继虞往前迎访蔡锷。12月中旬，适逢蔡锷辗转至越南海防，唐继虞即前往迎接他入滇，行至阿迷（今开远县），县长张一鲲与蒙自关道尹（相当专员）周沆等袁世凯的帝党爪牙已密奉袁电，阴谋劫取蔡锷，因见唐继虞亲自武装护卫，阴谋难逞，就假意请安而退。12月19日，唐继虞迎蔡锷返回昆明。蔡锷、李烈钧到达昆明后，唐继尧接连召开两次会议，于12月22日夜10时，滇中文武要员及省外同盟会员汇集五华山光复楼，由唐继尧主盟饮血宣誓，随即致电袁世凯请求诛杀筹安会杨度等13人以谢天下，取消帝制。唐继虞率部参加云南护国起义，是12月22日晚参与歃血盟誓的39位将领之一。

1915年12月25日，护国军组建，唐继虞任云南护国军第三军第五团第九支队支队长，参加护国战争，1916年7月，任云南陆军第七旅旅长，云南督军公署警卫军司令部司令官，后任督军（唐继尧）公署参谋长、云南第三卫戍司令部司令官等职。1918年，任靖国联军总司令（唐继尧）部总参谋长。1919年1月，唐继虞任云南讲武学校校长。

1919年，唐继虞受命出访越南、东渡日本，历时7个月，考察日本的军事、制度沿革、社会组织、学校教育及矿物采冶、药剂化合、农艺栽培，详加记载，写成10多万字的《东南旅行记》一书，对云南军事、政治和经济建设起了重要作用。唐继虞后出任昆明市政督办及贵州省省长，能胸有成竹全盘规划军政建设，都得力于他的考察见闻。

1920年3月，唐继虞晋升陆军上将。同年11月，任靖国联军增援军司令。

1927年，唐继尧因滇军分裂，唐继虞也离滇闲居香港达10年之久。居香港时，唐继虞常与粤中将领李济深、陈铭枢、蔡廷楷、陈济棠、张发奎等人在一起，商讨如何继承孙中山先生继续革命的遗志，筹划促进国共合作抗日的策略。

1937年，卢沟桥事变后，国共合作，抗日统一战线形成，全民抗日开始，唐继虞愤奋而起，想投军报国，于是，唐继虞由港回国，获南京国民政府军事委员会参议、国防委员会委员。1939年，唐继虞出任第四战区军风纪视察团上将衔主任。同年底，唐继虞因积劳染疾在广东曲江去世，后归葬昆明。时年49岁。

唐继麟（1897 ~ 1947），字建侯，云南会泽县城人。1924年，保定陆军军官学校第六期工兵科毕业后，回滇先后任云南陆军讲武学校第十五、第十六期工兵科区队长、云南省公署近卫第一团营长、建国联军佽飞军[①]第三军近卫第二十九团团长、第二旅第三团团长。

1927年“二·六”政变发生时，唐继麟率部至滇西，与唐继虞合组北伐后援军，任第一师师长、滇西军警督察处处长。1929年，唐继虞出走，北伐后援军撤销，部队改编后，唐继麟任云南省政府军事参议。国民革命军第三十八军第七师少将师长兼云南省戒严司令部司令官，11月任云南省政府委员。1930年，唐继麟任讨逆军第十路军总指挥部教导团副团长。1935年，唐继麟任中央陆军军官学校第五分校（即云南讲武堂）校务委员会副主任，直到1945年。唐继麟因在后方基地为抗日战争长期培训大批军官，功勋显著，晋升陆军中将。唐继麟于1947年病逝昆明。南京当局明令褒扬，云南当局于圆通山为他建立纪念碑，以示不忘其长期主持军事教育，源源不断地为抗日

①（佽飞军）一个特殊的军种，是唐继尧统治云南时的禁卫军。传说佽飞为荆国（楚国）的勇士，力能斩蛟。唐继尧的佽飞军主要护卫唐继尧，犹如其御林军。《李宗仁回忆录》中称：“（唐继尧）他的卫士号称佽飞军，着古罗马的武士装，手持长枪大戟。”

前线输送干部的功绩。

（十五）一代文宗陈荣昌的会泽情结

陈荣昌（1860—1935），字小圃，号虚斋，晚号困叟。云南昆明人。光绪九年（1883）进士，曾供职于翰林院词馆，后历任山东、贵州提学使，昆明经正书院山长、云南高等学堂总教习、云南教育总会会长等职。著有《虚斋诗稿》《虚斋文集》《虚斋词》《乙巳东游日记》等。

陈荣昌是近代著名教育家、文学家和书法家。人们认为，他为国家变革图强而竭智尽忠，为救滇强滇而披肝沥胆。他弹劾贵州巡抚兴禄，声震中外；力荐梁启超，慧眼识珠；提携袁嘉谷，大魁天下；考察日本，风采倾倒东瀛；著述丰硕，留得光焰照乾坤；书法为“滇南第一大手笔”，风靡全省。他是当时云南教育界、文化界的泰山北斗，在全国也有一定影响，“非一时一地之人物。”

陈荣昌幼失父怙，少则颖慧，及长则勤勉。陈荣昌出身于书香世家，其父陈惟恺，清道光丁酉年（1837）的举人。曾经担任过江川与镇沅县的训导，东川府（会泽）的教授，训导和教授是古代设置在地方官学中的学官，辅佐地方知府，负责教育方面的事务，在清朝为从七品。陈荣昌8岁时，父亲在会泽久病不愈，病重之时，父亲把年幼的陈荣昌叫到身边，嘱咐道，你8岁年孤且贫，怎么能继承父亲的意愿读书，希望你以后改作经商，或者帮人做劳役，以求养家糊口。听后，陈荣昌痛苦不堪。母亲把陈荣昌叫到一边，坚决地说，即便你父亲不在，我也要设法供你读书。

陈荣昌的父亲病逝后，会泽孟光铎招陈荣昌兄弟3人，授业于门下就读，同情陈家家庭贫困，不收束修（拜师费和学费）。孟光铎劝慰曰："勿易业，勿行束脩，吾受府君托，当负阙责。"陈荣昌12岁时，因学习成绩优异，被招县署读书。14岁时，陈荣昌一家返回昆明。光绪八年（1882），应乡试，考中解元（全省第一名），次年考中二甲进士第27名。终身不忘恩师教诲，在贵州任提学使期间，多次寄来银两以报师恩。孟光铎回信勉励曰："利之为祸烈矣，一堕其中，虽至三公必无事业。"陈荣昌一生为官，清贫廉洁，与此不无关系。

陈荣昌生于会泽，育于会泽，学识渊博，精于书法，擅长诗文。书法以颜真卿、钱南园为宗，正楷端庄遒劲。为颜派、钱派后起之秀，有“滇南第一大手笔”的美誉。曾师从于会泽的孟五先生，得力于钱南园，其作法度严谨，传世作品丰厚，在会泽留下了“护国首义匾额”、《为会泽老人会髯碑》文、城隍庙匾额、刘锟诰封碑文、墓志铭等众多墨迹。

1904 年，清政府下令各省选派学生赴日本留学，唐继尧也被纳入了府县推荐之列。唐继尧留学日本，提名举荐的便是陈荣昌先生。唐父送唐继尧到省城昆明考试，并带儿子拜访自己在会泽念书时的同学、时任高等学堂总教习的进士陈荣昌，请教一下唐继尧的“志愿”该怎么报。陈荣昌看重实业，劝报工科，唐氏父子听从了其建议。不过在到达日本后，唐继尧觉得军事是救国的最直接有效的手段，干脆改学陆军，并给家里报告：“工业缓不济急，不如学陆军，异日庶可为国家效用。”

1927 年 5 月 22 日，唐继尧辞世，一代文宗陈荣昌先生同时作了一幅著名的挽联：“治滇无善政，护国有奇功。”今天我们看到的昆明圆通山唐继尧墓碑：“会泽唐公蓂赓墓”和墓联“功业须当垂永久，风云常为护储胥”便是陈荣昌所书，其上联引自杜甫的诗句，下联引自李商隐的诗句，下联中“储胥”二字，是指军队的营盘和将帅的营帐。这样的配联，既贴切又高明。其字法度庄重、笔力遒劲，其风高古，为书中上品。陈荣昌先生的书法可窥一斑。

云南大学会泽院始建于1922年，是昆明较早的大型法式建筑之一。它以云南都督唐继尧的籍贯会泽命名，依坡而立，坐北向南，气势雄伟，巍峨肃穆。楼内大厅正中墙内楷体镌刻的铜碑《会泽唐公创办东陆大学记》长宽各1米有余。碑文为陈荣昌于1927年9月所书，旨在纪念同年5月去世的东陆大学（即云南大学前身）创建者唐继尧。文章出于何人之手，已不可考。

1927年，在会泽西南的龙潭湖，会泽首义楼始建，因唐继尧当时为八省联军的抚军长，又称“抚军楼”。陈荣昌为其题写了匾额：“唐公讨袁，摧其帝制，天下同声，称曰首义；再造共和，报功莫二，爰建斯楼，昭于无暨。”落款“全体会泽民众，昆明陈荣昌书。”首义楼已毁，匾额现藏于会泽文管所。

陈荣昌国学功底深厚，是一位知名的文献方志学家。清末担任国史馆协修，参与《清史》编纂工作。1914 年，在云南省长唐继尧的倡导下，成立辑刻《云南丛书》处，负责地方文献的收集、整理、编纂和刊刻工作，他被聘为名誉总纂，并担任《续修昆明县志》总纂。《云南丛书》1212 卷，该项工程由启动到结束，历时 30 余年。这对云南地方文献的系统整理、保存与传播具有深远意义和巨大影响，丛书被誉为“滇省文献的荟萃”和“云南的四库全书”。

陈荣昌毕生致力于教育，门人中多有俊才豪杰，如袁嘉谷、李坤、唐继尧、李根源、赵复祥等。为官清廉，并乐于公益事业，对求书者所予润笔费均悉数捐助他人，晚年贫困而卒。

（十六）四川状元会泽人：骆成骧

1895 年，从尊经书院走出的资中才子骆成骧中了进士，在随后进行的殿试中，他以一句“主忧臣辱，主辱臣死”得到光绪赏识，被钦点为状元。他也由此成为清代状元中的第一个川籍会泽人。

咸丰末年，骆成骧出生于云南会泽金钟义通河锁水阁闸口上，原姓李，7 岁丧母，父子二人相依为命。其父不善理家，生活维艰，李父即将年幼小的儿子过继给骆姓夫妇为子，养母也姓李。不久，骆姓夫妇在会泽赚了些钱，即买了云南会泽地方的一些山货及茯苓之类的地道药材，带着养子，改名骆成骧回到四川资州原籍。

骆成骧 9 岁时，随父亲到了成都，就读于锦江书院。很快，骆成骧就显露出了他“初为文字，即惊宿儒”的过人才华。5 年后，年仅 14 岁的骆成骧应州试，考了个第一，成为“县案首”，被当时的名儒王闿运所器重。当时王闿运担任尊经书院山长，骆成骧随即入院读书，并拜王闿运为师。

从尊经书院肄业后，骆成骧即参加了光绪二十一年（1895）的会试，成为乙未科的进士。随后参加了殿试。殿试当天，光绪亲自策问。当时光绪出了四道有关军事、民生、道德和水利农业的考题，骆成骧一气呵成，很快完成，这篇应试之文虽然不到 2000 字，但却直指时弊，批评官僚机构庞大臃肿，贪污成风，应当整顿朝政、厉行节俭、发展水利和农业。

主考官大学士徐桐细细阅读了进士们的文章，按优劣排好了顺序。据说骆成骧的排位并不是第一名，第一原本是喻长霖。这种排位顺序，只表示主考官对录取名次的个人意见，最终的决定权还是在光绪手里。进士们的文章被呈到光绪那里后，光绪一篇篇翻看，看到了骆成骧的文章，顿时很高兴地点头。光绪对徐桐说："朕欲以此人点状元如何？"徐桐立刻表示赞同光绪的意思。

于是，骆成骧被光绪钦点为状元，也由此成为清朝唯一一个生于会泽的四川籍状元。骆成骧之所以被光绪赏识，这篇文章可谓立功不小。当时正值国运维艰，中国在甲午海战中战败，同日本签订了"马关条约"。而骆成骧的文章开头便是："传曰：'主忧臣辱，主辱臣死。'此即臣发愤忘死之日也！"这句话无疑说到了光绪的心坎里，让光绪大为感动。

此外，骆成骧文章中，还提出皇帝必须亲政，拥有了权力，才能"转祸为福，转败为功"，这也应和了光绪不愿意当傀儡，想要变法图强的心意。

骆成骧中状元后，当上了翰林院修撰，1897年春任春闱房考官，他和杨锐等四川籍官员一起，在北京创设了"蜀学会""蜀学堂"，讲习新学，宣传维新思想。骆成骧由此成为维新派，也是"帝党”成员之一。

一年后，维新变法开始，光绪颁布了一系列诏书推行新政，京师大学堂也在筹建之中。骆成骧被任命为京师大学堂的“提调”，负责筹建。正当骆成骧在筹建事务中忙碌的时候，一场变故发生了。慈禧发动政变，宣布“训政”，光绪很快被幽禁，支持维新的官员有的被杀，有的被流放，戊戌维新失败。骆成骧虽然侥幸保住了性命，但此后的仕途算是毁了，对光绪用过的维新派，慈禧再也不会重用。

戊戌维新失败后，骆成骧悠然度日。1906 年，他被派往日本，两年后回国，受聘主持广西政法学堂，以教书度日。辛亥革命后，骆成骧于 1912 年回到故乡四川，被公选为四川省临时议会议长，后任国史馆纂修，国学专门学校校长。

骆成骧晚年居住在成都，他的余生几乎都是在办学和育人中度过的。1922 年，骆成骧四处奔走，筹办四川大学。他提出建议，在四川高等学校的基础上改立四川大学，还发动了一大批德高望重的名流绅士联名上书到四川省长公署，呼吁“主持地方筹款”“速建大学”。与此同时，骆成骧还在四川法政学堂、成都高等师范学校当上了老师。一年后，骆成骧到四川国学专门学校任校长，并开始筹办成都大学，张澜就是因为他的推荐，才当上了成都大学的第一任校长。因骆成骧热心教育，又是饱学之士，人们尊他为成都“五老七贤”之一，位列七贤之首。

骆成骧不仅能文，而且酷爱武术，倡导“强国强种”。他为别人撰写碑文得到的酬金，全部都捐给了成都的“武士会”，甚至当上了“武士会”的会长。他还曾筹集资金修建了国术馆，创立了“射德会”，提倡射箭运动和柔术。因此有人甚至误认为他是“武状元”。

1926 年夏天，骆成骧在成都文庙西街的住所病逝。终年 61 岁。骆成骧，四川最后的状元，也是清朝四川唯一的状元。他为官多年，却是“家无恒产，厨灶屡空”，人称“布衣状元”。

（十七）仅有小学学历的云南大学中文系教授

刘尧民（1898~1968），名治雍，字伯厚，笔名林不肯、伯厚、郁生等。

刘尧民

1898年，刘尧民出生于会泽县城一书香门第。启蒙时，其父教授，熟读《尔雅》。11岁时，入“爱国小学”学习新知识。14岁时，熟稔《四书》《五经》，其后到昆明读了一年中学，返乡自修。七年间，埋头苦读，博览经史子集，全凭自学，掌握了清代大家的治学方法，训练了独特的思考能力，造就了深厚的国学功底。

1920年，刘尧民毅然离乡，到昆明教授文史课。其间，他如饥似渴地阅读新书，探索用西方的哲学观点和方法研究中国的哲学和文学。掌握了日、英、法等语言，开始翻译外文，并在报刊上发表文章。

刘尧民对中国古代词曲研究精深，对先秦文学造诣较深。他著述了大量作品，已出版的有《孔子哲学》《词与音乐》和《关于〈天问〉》等；译著有《黑猫》和石川啄木的《悲哀的玩具》等。

1927年，刘尧民加入中国共产党，先后主办文艺刊物《压榨》，创办党的理论刊物《红色战线》和《小世界》，并担任《云南民众日报》副刊编辑，兼任过《正义报》副刊编辑。

1941年，刘尧民受聘云南大学中文系教授。讲稿有《庄子》《唐宋词史》《楚辞研究·离骚校记》等。

1951年，刘尧民任云大中文系主任。当时的云大中文系，名师云集，刘文典、李广田、刘尧民、张若名等都以各自的学识文采吸引着莘莘学子。刘尧民教学科研成绩突出，于1960年出席全国首届文教群英会。

刘尧民的诗很精彩，曾为会泽金钟山文昌宫题诗一首：“梵王座下万株松，俯瞰孤城夕照红。山水无情人易老，十年归梦绕群峰。”文辞才情非同凡响。

十年“文革”，刘尧民未能幸免于难，横遭批斗，“游校示众”，身心备受摧残。1968年7月27日，刘尧民猝然去世，不可多得的楚辞专家、一代学界泰斗陨落，享年70岁。

刘尧民担任过九三学社昆明分社副主任兼秘

书长，云南省政协常委，云南省文联委员。

（十八）云南第一位留洋女博士：施莉侠

施莉侠（1911 ~ 1993），原名琴仙，又名咏霞，会泽娜姑乐里村人。曾任云南省文史研究馆馆员、云南省政协文史资料参议员和云南省诗词学会顾问。

施莉侠

1926 年秋，施莉侠东渡日本，考入东京高等女子学校。1927 年，考入东京女子医学专科学校。1928 年，弃医学文，考入东京文化学院文学系，对诗、词、歌、赋尤感兴趣。1931 年，由日本赴法国，入巴黎大学文科博士班深造，获博士学位，继又攻读世界现代史，获太平洋博士学位。留学期间，她积累了多方面的知识，不仅对诗词有较高的造诣，还通晓日、英、法等多国语言，对医学、历史学也颇有研究。

1935 年，施莉侠学成归国。1936 ~ 1937 年，云南大学聘为外文秘书。抗日战争期间，以读书写作消遣时光。抗战胜利后，辗转于重庆、台北、上海、南京等地。1951年秋，到会泽中学任教。1958年退职回到娜姑镇乐里村，任乐里村民办小学老师。在很长一段时间里，境遇凄苦，捡垃圾、着破衣、穿草鞋，艰难度日。1961年，在周恩来总理的过问下，施莉侠被安置在云南省文史馆工作。

1993年3月28日，病逝于昆明。

（十九）革命二英烈——蒋开榜、刘文明

蒋开榜、刘文明，是早期中共会泽地下党和地下武装的领导人，筹备武装起义时被捕，英勇就义。被誉为“会泽二英烈”。1953年8月1日，中央人民政府颁发了毛泽东主席签发的革命牺牲军人家属光荣纪念证，褒奖二烈士。

蒋开榜（1908 ~ 1934），字晓众，会泽金钟尚德村大木厂人。1927年加入中国共产党，曲靖第一位加入中国共产党和第一个党组织的负责人。

蒋开榜出生于一个贫苦家庭，从小受到新文化、新思想的熏陶，反对封建迷信，勤奋好学，敢想敢为。1916年，蒋开榜进城读书，曾经邀集学友一起推倒城隍庙里的泥菩萨，冲散在平头山举行的“白羊会”。1926年，蒋开榜考入会泽楚黔中学。当时正值云南军阀混战，因学校被驻军强占，被迫停课。军阀征粮、派款、拉夫，人民苦不堪言，蒋家经营的木材也被征用，激起了蒋开榜对官僚军阀、贪官污吏、土豪劣绅的憎恨。

1927 年夏，中共云南省特别委员会派陈祖武到会泽楚黔中学，以教书为掩护，积极开展党的工作。在陈祖武的启发和教育下，蒋开榜等一大批进步学生参加了会泽青年努力会，开始阅读革命书籍。蒋开榜常与学友畅谈革命理想，鼓励学友："小鸟要出窝前，一定要在窝旁练翅，翅膀练硬了，才能往窝外飞翔；人也要从年轻时关心国家大事，学点本领，准备为国家做点事。"

经陈祖武介绍，蒋开榜先后加入了青年团、中国共产党，组织的负责人。同年，建立曲靖第一个党支部——中共东川（会泽）支部。年底，蒋开榜接任支部书记。

1928 年，蒋开榜组织"读书研究会""青年努力会"和"爱乡青年护助团"，学习马列主义。

1929 年春，蒋开榜到云南讲武堂学习军事，夏季回到会泽，打入"民众自卫队"搞兵运工作。6 月，中共东川特别支部成立，蒋任干事会书记。

在武装暴动斗争准备中，蒋开榜以教书、开办夜校为掩护，经常向学生和农民讲述历史上农民领袖陈胜、吴广揭竿起义的故事；打入会泽地方民团“民众自卫队”，积极准备武装暴动。在极端困难的条件下，蒋开榜为争取改造地方武装，变卖了仅有的祖业，得银60元，又凑集了妻子卖书的钱，奔走于威宁、宣威及者海、雨碌、乐业、高桥、青云、黑麓山等地，做上层人士及士兵、穷苦农民的工作。历尽千辛万苦，进行革命串联活动。

1930年，中共东川中心县委成立，蒋开榜任书记。会泽地下党员发展到19人。

1932年春，中共会泽地下党加强对武装暴动的领导，成立“云南救贫义勇军”，后改称“云南反日义勇民军第一师”，蒋开榜任师长。并在昭通各县拟设八路救贫义勇民军。会泽为第二路，蒋开榜兼司令，刘文明任参谋长，并制作了军旗、印章，待时举义。

在武装暴动即将举行的关键时刻，滇军旅长安恩溥从昭通密电会泽县政府：“昭通发现救贫义勇民军总司令蒋开榜发出的委任状，令会泽县长李表东严密探查，将蒋开榜及递交委任状的重要关系人刘文明一起捕拿到案。”1933 年 11 月 13 日，由于叛徒杨绍华的出卖，蒋开榜在联络地点天后宫被捕。入狱后，蒋开榜的妻子探监时告诉他说，地下党组织准备营救他，他毫不犹豫地回答：“敌人监守严密，劫狱不是轻而易举的事，那样做损失太大了，不能劫狱。我即使牺牲了，也只一个人，能保存党的力量才是大事……”把生死置之度外。

在狱中，会泽国民党县党部、县政府头目先后出马轮番审讯，在软硬兼施威胁利诱毫无所获后，对他使用踩软板凳及拶刑等酷刑。但他坚贞不屈，慷慨陈词，纵谈抗日救亡，大义凛然，丝毫未吐露共产党组织和准备暴动的情况。蒋开榜牺牲时年仅 26 岁，他为国为民、不怕牺牲的革命精神却一直激励着当时的革命者和后来人。

刘文明（1905 ~ 1934），字南耀，会泽钟屏镇人。刘文明祖籍四川，曾祖父举家迁入会泽县城，从事缝纫，其上三代皆被推举为四川同乡会会长、成衣行会会长。刘文明与蒋开榜同学，志同道合，有着共同的语言和革命理想。

1926至1930年，刘文明先后加入青年努力会、共青团、中国共产党，并成为中共会泽地下党组织负责人。刘文明擅长武术，开设武馆，广收门徒，以练武强身为掩护，为筹集经费，刘文明以家中资财，又约人上会，在县城开设“永兴祥”洋货铺，并以此作为党的一个秘密联络点。他还挑起货郎担东奔西跑，走乡串户，宣传革命思想。

为协助蒋开榜发展革命武装，他曾打入滇军第一旅安恩溥部任上做文书，秘密开展革命工作，计划弄出部分枪支弹药。他与蒋开榜，在会泽、威宁、宣威等地发展了一支数百人的地下武装。

1932年春，党领导的革命力量发展到千余人，中共会泽党组织成立云南反日义勇民军第一师。蒋开榜任司令。会泽为第二路救贫义勇军，蒋开榜兼司令，刘文明任参谋长。

1933年11月13日晚，由于叛徒出卖，当刘文明按党组织约定的接头地点来到会泽县城西北面二道桥准备接头时，发现情况有变，返回时遭到伏击。刘文明当场打倒二人，终因寡不敌众，落入敌手。

在狱中，反动当局以会泽商会会长一职利诱

他，他不为所动。敌人施以种种酷刑，他始终坚贞不屈。反动派将其加重脚镣，囚入死牢。刘文明留下了“秋落春华死生中，不悲不壮不成功。成仁取义千古事，自有后来歌大风”的绝命诗。

1934年5月18日，青山一片翠绿之时，蒋开榜、刘文明英勇就义于县城西教场坝。

（二十）打响滇东武装起义第一枪的吴永康

吴永康（1902 ~ 1981），先后担任中共陆良特支书记，中共云南省委第一届候补委员，中共陆良中心县委书记。1930年5月，在中共云南省委的指示下，领导发起陆良暴动，打响了滇东武装斗争的第一枪。

吴永康出生于会泽金钟小乌龙村一农民家庭。1924年高小毕业后，他以优异成绩考上省立曲靖第三师范学校。在曲靖求学时受当时革命大潮的影响和学校一些中共地下党员的教育帮助，开始阅读进步书刊，树立革命思想。

吴永康在家乡积极响应和参加各项革命活动。1927年，一次会泽爱乡青年互助团在小乌龙小学召开农民大会，吴永康愤然走上讲台，拿起粉笔在黑板上写下了“不交租子”4个大字。

1928年初，经蒋开榜介绍加入中国共产党，成为省立曲靖第三师范第一名共产党员，与学校原有党员建立了曲三师中共支部。发动组织学生开展“罢考”运动，被校方开除学籍。

1928年，吴永康到陆良一小任教，在陆良开展革命活动。1929年，省工委书记王德三确定陆良要率先在云南组织武装暴动。1930年，正式选举建立了中共云南省委，吴永康当选为省委候补委员，任中共陆良中心县委书记。

1930年6月，吴永康赴省汇报，听取指示返回陆良后，作了认真研究部署，把近千人的武装暂编为中国工农红军第38军，吴永康任军长。

1930年7月3日夜，武装暴动按预定计划行动。暴动部队分两路进攻县城。因弄错情报发生误会，暴动没有按预期目标完成，方鹤鸣等被敌人杀害，暴动失败。1930年的陆良暴动，打响了滇东武装斗争的第一枪。

陆良暴动失败后不久，由于省委领导亦大多牺牲被捕、陆良暴动失败对他精神上的沉重打击，加之其父病故，他患上了严重的精神分裂症，被接回会泽家中医治疗养。期间仍然不忘宣传革命，

1935年，因刻印散发《共产国际四字经》，他被会泽县国民党县政府抓去关押，因其患有精神病，关押42天后获释。

抗战胜利后，吴永康病情有所好转。于1946年春，经会泽地下党和进步人士的帮助，到会泽待补小学任教。因在学生中教唱《国际歌》和《告我青年们》等革命歌曲，国民党当局将他安排到会泽县印刷厂当勤杂工监控使用。此后一直留厂工作到退休。

1981年，这位早期的共产党员、陆良革命暴动的领导者离开人世，终年79岁。

（二十一）身经百战的老红军黄少勇[①]

黄少勇（1917–1999），原名李本善，会泽者海老街人。1935年5月初参加中国工农红军，1936年11月加入中国共产党。曾任中央红军第九军团电台九分队通讯员，红四方面军红军大学校部通讯员，中央红军大学校部通讯班长，抗大校部警卫排副排长，抗大一大队学员，新四军六支队三纵队八团七连政治指导员，新四军四师供给部被服厂政治指导员，新四军四师电台中队政

① 内容主要来源于《会泽县志·人物传》，有删改，标题为作者所加。

治指导员，新四军四师政治部巡视员，淮北泗灵睢独立团二营政治教导员，淮北分区独立团组织股长，华东军区特务团政治处副主任，华东军区警卫旅三团政治处主任，华东军区后勤部警卫团政治处主任，华东军区后勤部运输部汽车二团副政委，汽车三十二团副政委、政委，汽车三十三团政委，汽车十六团政委，西藏军区后勤部政治部副主任、主任，西藏军区后勤部副政委，四川省江津军分区第三政委，成都军区后勤部副政委、顾问等职。

黄少勇童年时期，家庭贫困，靠帮地主砍柴、做农活为生，受尽奴役和压迫，对反动统治强烈不满，1935 年参加中央红军第九军团，走上了革命道路，参加举世闻名的二万五千里长征，爬雪山，过草地，抢渡金沙江，强渡大渡河，经受了艰难困苦的严峻考验。抗日战争时期，在抗大接受党的教育，政治、军事素质得到提高。为保卫豫皖苏根据地与国民党顽固派及日寇进行了殊死斗争，先后参加淮北路西、张大路、泗城、五河、新集子、固镇桥北磨盘张、泗县东枯河头、马攻店、大李集等战役战斗，在抗日战争最艰苦的岁月里，仍坚持淮北地区的游击战争，完成了上级交给的巩固与坚持边沿地区的对敌斗争任务。解放战争时期，先后参加了著名的周村、张店、昌潍、淮海、渡江等战役战斗，渡江后又进军福建，参加东山岛战斗。在艰苦卓绝的战争年代，他冲锋陷阵，英勇杀敌，带领部属出生入死，身经百战，多次负伤，曾评为三等残疾军人，为中国人民的解放事业和人民政权的建立做出了宝贵的贡献。

中华人民共和国成立后，他参加了西藏平叛、中印边境自卫反击战等战役战斗。他长期从事后勤保障和政治思想工作，尤其对汽车部队管理有着丰富的经验，他身先士卒，任劳任怨，勤奋工作，圆满地完成了组织交给的各项运输任务。在西藏10余年的艰苦岁月里，积劳成疾，身患多种疾病，无怨无悔。在四川省江津军分区工作期间，竭尽全力于军队和民兵建设，不断总结经验，严格管理、严格训练，为解放军革命化、现代化、正规化建设，为维护军政军民团结、加强民兵建设做出了显著的成绩。

1955年被国防部授予中校军衔，并荣获三级八一勋章、三级独立自由勋章、三级解放勋章。

1966年晋升为上校军衔。1988年被授予“中国人民解放军二级红星功勋荣誉章”。

1983年8月离职休养。1999年7月28日，黄少勇因病医治无效，在成都军区总医院逝世，享年82岁。

（二十二）雷体仁与“三乌胶”

在整个滇东北，有一种药叫“云南黑药”，它的前身就是“三乌胶”，可谓家喻户晓。但凡人们中风瘫痪、口眼歪斜，风湿、肢体麻木，必前往购之。三乌胶是以草乌、川乌、何首乌为主药的中药珍品。1995年12月，三乌胶产品在全国民用高新技术名牌产品博览会上获金奖。

会泽中医药的发展始于明代。在明代，本草学家、嵩明人兰茂就到会泽采种药物、带徒讲学。会泽中药材丰富，有4类248种。历来重视中药材的加工、炮制，民国时期常用药材的炮制就达百余种。在中成药中，三乌胶为会泽特产。最初，仅靠人工熬制。民国初年，用草乌、川乌、何首乌熬三乌汤，能除寒湿、强筋骨，起初熬制后，亲友共服。后制成膏状，名三乌膏，民国27年（1938），部分中医药人员自发组成中医药社会学术团体——会泽县“医师工会”，“医师工会”会员王相谷熬制三乌汤，服用范围扩大，王氏病故，随之中断。1959年，再熬供临床使用，虽有疗效，因保管、运输、贮存困难，不便推广。

清乾隆四十年（1783），江西临阳同乡会馆就在会泽建药王庙，清嘉庆年间，来自江西樟树镇的雷曰太一家就在会泽开设“万元堂”，自行加工炮制多种中药材供应市场，医药兼营，“万元堂”以加工认真、炮制精细见长，到雷体仁时已历6代。1959年，东川市药材公司成立，雷体仁负责筹建药材加工厂并主持生产。在总结前人熬制“三乌汤”的基础上，重新组方，反复研制，创制成对风湿病具有特效而驰名全国的“三乌胶”。经雷体仁改革工艺、制成固体、片状、富有光泽的三乌胶，销售到省外，疗效甚佳。他将几十年的经验、心得整理为《中医咀片制作》《中医炮制修法》《中医成药处方制作》《贵重药材鉴别》等资料，毫无保留地献给药材公司，并在加工厂付诸实施，成效显著。

雷体仁1907出生于会泽钟屏镇，幼年丧父，11岁开始研读本草，学习医书古籍，长期自学钻研，精于中医理学，特别擅长药材的识别、筛选、加工、炮制等技艺。万元堂创造的“八宝红玉丹”“冰梅上清丸”“加味玉真散”，因组方严谨，炮制精细，疗效佳，价格廉，在民间享有盛誉。

雷体仁致力于发掘地方医学遗产，为发扬光大“但愿世间疾病少，何妨我家药箱多”的祖辈医德，他一生摘选医籍，广收民间单方，整理出《药用食物备要（食物疗法）》《简明单方·附单方便治方》等合编成册，附有医学名与俗名对照，方便患者选用。

雷体仁晚年方始行医，认真切诊，从不推诿，处方用药丝丝入扣，疗效甚佳，对儿科急、慢惊风重症及内科癫、狂顽疾疗效特别显著。常因痔疾肿痛流血，站立为患者诊治。后患中风，卧床不起，仍有诸多患者上门求医，均热情接待，细心诊断，口授处方。对此，患者无不感激。1977年雷体仁因病去世，终年70岁。

（二十三）国医汤佩金[①]

汤佩金1909年出生于会泽县钟屏镇。曾从云

① 内容来源于《会泽县志·人物传》，有删改，标题为作者所加。

南名医吴佩衡[1]习医，后考入“云南省中医系统特别研究班”深造。1930年，获省“中医师证书”。1947年，到南京考试，荣获“国医证书”。时任会泽县县长肖启明题匾“考取国医汤佩金”“是良医也”。

汤佩金自幼在家读书，年长在昆明从军，曾与父之友吴佩衡接触，吴喜其作风正派、勤奋学习，常以“处世之道，伐小人以扶君子；为医之道，扶阳抑阴，固守中气”的思想教导他。为实现其“回天无力，救人有方”的愿望，汤便辞去军队文书，投吴习医三年，对吴的医学领悟极深，后又考入“云南省中医系统特别研究班”，着重研究人与自然的关系。

此后，得其师帮助，在昆明开业行医。他对国民党当局取缔中医，痛心疾首，坚决反对。自此益加奋发读书，深研医理，尤得《伤寒论》之精华。对《河图洛书》《易经》等也作了钻研。在研究“天人合一”的医学体系后，他认为，宇宙和人体都是有规律的圆运动，各种圆运动既受

①（吴佩衡(1886–1971)）名钟友，四川人，1921年到云南行医，云南四大名医之一，火神派的重要传人之一。

其核心（或称中心）的控制，同时又受各种因素的干扰。圆运动既包括了自然界的时间和空间及各种自然现象，也包括生、老、病、死等生理现象。大自然的圆运动正常则风调雨顺，四季分明，万物滋生。反之，则寒暑异常，灾害丛生，万物受损。人体之圆运动正常则智聪神安，身体健康，圆运动失调则病变发生。因而，推崇“生命是以中气为轴心的圆运动”的见解和“运四维以扶中气，扶中气以运四维”的施治原则。如理中汤是用于轴旋转停顿、四维升降倒作之症。因其才华显露，有军政官员欲以重金聘用，汤皆以欲归故里服务桑梓为辞拒绝。

1938年，汤佩金返回家乡开“佩金诊所”行医，承袭吴佩衡“扶君子抑小人”的精神。用药严遵“扶阳抑阴，我医之道”的原则。最善用附子、干姜、细辛等温热助阳药，危重病人的附片用量一方多达半市斤。也善用黄芪、白术、茯苓、淮山药等固守中气（中轴）以运四维之方，疗效甚佳。患者曾赠以“剑胆琴心”“医道干城”等8块匾额。他还在《会泽之声》报发表了《医家嫉妒害人论》及《治轻症宜细心重病宜大胆》等医学论文，在会泽中医界倡导共同提高中医水平。

中华人民共和国成立后，汤佩金先后参与筹建会泽医协会、联合诊所、中医院，被选为会泽县第一、第二届人民代表，会泽县公私合营联合中西医院副院长。他认为“功莫过于承先启后”，极力提携新秀，招收徒弟，希望有更多的医德高尚、医术精良的医生服务于社会。

1958 年，其师吴佩衡函邀汤至“云南省中医学校”任教，当时汤佩金已被错划为“右派”，难以成行。此后汤虽处逆境而其志未减。精心为患者看病，并整理出 20 余年医学所得，辑为 3 册，惜“文革”中被付之一炬。1960 年摘除“右派”帽子，恢复工作。1978 年，患中风而卒，终年 69 岁。

四、文化浏览

（一）古代东川文庙、义学与书院

东川（会泽）自古以来是“东爨之地”。在彝族土司统治之下，声教难施，社会经济文化较为落后。彝族在早期相当长的一个历史时期里，教育始终处于“言传身教”的阶段，土司家族都自称“但有刀剑无诗书”，就连土司府的主簿[①]，都是到外地去请汉族读书人来担任。

据史料记载，元朝云南“平章政事”[②]赛典赤在滇兴学，首建孔庙、创庙学，“购经史，授学田”，传播汉文化，云南兴学亦从此开始。云南开始设学，但先后不一，却均在土司制建立之后。可是，东川（会泽）境内却未建学。明代在当地建立土

①（主簿）起草、掌管文书的佐吏。

②（平章政事）元代的官名，朝廷以中书省为政务中枢，主官中书令，常由皇太子兼领，下为左右丞相，再下为平章政事。位次丞相，地方最高长官，经济、军事、政事，通管。

司制后，开始执行的是民族歧视政策，虽规定土民可应试，但又不准土民滥入。

直至清顺治十八年（1661）才准云贵土司应袭子弟受训。“崇儒重道”儒学科举制推行之时，则是在清代改土结束土司制之后，朝廷官吏、士绅富户大力提倡办学，有才华、有学识的外籍官员到任会泽，创办了儒学、义学与书院，朝廷官吏一面劝民耕织，一面推行“崇儒重道”教育，东川的教育才兴盛起来，形成彝族崇尚汉文化的传统，教育落后的面貌才得以改变。

清代的学校有两种，国学和府州县学，国学是中央一级的学校，府州县学是地方学校，称郡县学，也称儒学。

康熙五十九年（1720），四川总督兼巡抚年羹尧上奏——《请设学疏》，他请求康熙皇帝设立文庙学舍，以便兴行教化，以隆文治，以育人才。东川虽在边壤蛮乡，已是改流之地，应习诗书礼乐。这个奏章很快得到了皇帝的批准，建盖府学所需资金由东川知府任俊昉动员东川官民捐资解决，而文庙每年春秋两季的祭祀活动费用则由各府一体支付，府学教授暂由知府任俊昉担任。由此，特别重视文化教育的东川知府兼教授任俊昉成为了东川教育界的先驱。

于是，在府城南门外创办“东川府学”——文庙，这是东川最早的学校，文庙占地73亩，康熙六十年（1721）动工兴建，知府任俊昉在府治南门外（今会泽一中）始建崇圣祠，随后，由代理知府王廷钰续建而成，开东川办学之先河，“诚开一郡之聋聩，悬幽谷之日月。”完成了大成殿、东西两庑及大成门等工程，招收文武学童15名，雍正元年（1723），在崇圣寺的东南面建了学署。雍正四年（1726），黄士杰由马龙知州升任东川知府，落实了府学教授的待遇，府学教授由从九品提到了正七品，年薪白银由31.52两提到了45两，与知县同等。乾隆年间，应试童生渐多，东川乃设廪生、增生8名，继增至20名，当朝曾先后颁御书“万世师表”和“生民未有”匾额于书院学宫，设祭器、舞器10余种，钦定春秋乐章及“六舞图”，宣讲案讲《圣谕十六条》《卧碑》《圣谕士子文》等和“大清律”所定的学习科目，如书院条规、孝经、尔雅、诗、书、礼、易等，以培养人才，儒学科举之风兴盛起来。

利用文庙进行讲学，但文庙这种类型的学校，招收名额少，要经过考试才能录取，大部分适龄儿童被拒之门外。于是为了解决读书难的问题，一些地方官员也在各地兴办了义学，义学是清代普及义务教育的一种私塾。雍正五年（1727），黄士杰在忠孝祠两厢捐资修建了义学10间，设立了东川府第一所义学。他认为，东川改土归流不久，夷民鲜知礼义，首要任务是倡建义学，邀请有名望的老师，进行教授，使夷汉有志读书的各族子弟，都去接收教育，学习修业。

据不完全统计，会泽前后兴办了15所义学，其中雍正年间官办8所，乡里创建2所，士绅富户捐资兴办5所。雍正年间为兴办时期，官员也比较重视义学。

但是没有固定的办学经费，义学不能够坚持下去。雍正六年（1728），黄士杰捐银150两，买入今田坝车乌村田地377亩，收取作为义学的办学经费；又将土目禄世雄妻子送入归公的92亩上等田地，划归民间捐资开办的施家义学。清代的义学，主要经费来源是从学田中获取地租，用地租来作为教师的俸禄和学生补助。学田是指办学校所用的田地，是我国封建社会学校教育的支柱，设学田赡学的制度始创于宋代，此后一直延续到封建社会最后一站——清朝。东川府知府黄士杰在《捐设义学田碑记》认为，捐设学田的目的就是为了兴义学，只要有义学，必置学田，以资膏火（照明用的油火，比喻夜间工作的费用，多指求学的费用）。每年收租纳粮、承办学务，交由府学教授经管，如遇升迁，不得侵蚀、亏空。东川几乎每所义学、书院都备有学田，这些学田多为官绅捐置，尤其以知府黄士杰捐置的学田最多，尽管黄士杰在东川任职时间不长，进出前后不满 3 年，反映了东川府对学校教育的重视。

除了义学，清代会泽有 3 座书院，西林书院、月谭书院和金钟书院。所谓书院，是用来藏书和讲学的地方，一般选风景名胜为院址，多数成为准备科举考试的场所。崔乃镛在《西林书院记》中明确指出，办学目的在于“日遵教化而革其故习，以志传薪火于东川”。办书院的目的就是要让“君子知教，小人知学”。书院学无年限，以考取科举为结业，学习期间有伙食津贴。

雍正九年（1731），崔乃镛就任东川知府，次年开设了西林书院．崔乃镛在《西林碑记中》指出，“西林”取自云贵总督鄂尔泰的姓氏“西林觉罗”。并捐银15两修铺面5间，把每年27两的租金，捐给书院；又购置碧谷坝和以礼学田，收租135两，统统划给西林书院，又捐银为购置了必备的19种图书。乾隆十八年（1753），义宁刚到知府任上，看到建于东门外的西林书院低洼狭小，居于闹市，不是理想的学习场所。恰好前任知府夏昌的住宅求售，庭院宽阔，环境清幽，于是义宁捐银400两买下，修葺后将生员迁入，更名“日新书院”，使书院的办学环境大大改善，之后又将义通河的两盘水碾房划给书院作财产，年收租135两，作为书院的发展经费。乾隆二十二年（1757）地方绅民为记载知府义宁在会泽办学、兴水利有功绩而建盖“义太宁祠，义宁应请题匾，改祠为“金钟书院”，并划公产地10亩作为书院基金。

为了办好儒学、义学和书院，需要聘请饱学之士、素有声望的学者来教学，教授在古代是学官名，府州县也设教授，掌管学校课试等事，位居提督学事司之下。东川府属学校先后任命了25

个教授，这些教授有的是进士，有的是举人，大多是学有专长的外籍人。其中不乏学富五车的知府官员，才华横溢的诗人学者。如云南澄江的段琦，进士，为东川西林书院主讲，精通经史，富有文采，讲授课文时滔滔不绝，毫无倦容，学生赞不绝口。如三任会泽知县的陕西定襄县进士郭安龄，在东川9年的时间，一边做官一边教书；如东川知府崔乃镛还经常到学校为学生讲解经文，对学生出现的错误反复一一纠正，像一位地道的私塾先生。

私塾是启蒙教育的主要形式。清末，私塾也大为发展，私塾由原来的26所增至78所，除少数富户延师在家教诲子弟外，多为清贫之士设馆授徒，收取学费。道光末年也有全村共同请师办学的，其生活待遇由学童家庭分摊，学无年限，以《三字经》《百家姓》《幼学琼林》《弟子规》《千字文》等为内容，进行启蒙教育。

光绪二十九年（1903）东川府邑人黄毓英自费赴日本留学，次年，相继以官费选派刘盛堂、唐继尧、张璞、倪鄂、刘震东、李琪、钟琪等人到日本留学，并逐步开办学堂，至宣统三年（1911）共有含高、初两级的小学堂4所、初等小学堂9所。

在 13 所小学堂中，有女子小学堂 1 所，有私立小学堂 2 所。此时，高、初小学学堂均设修身、读经讲经、国文、算术、历史、地理、图画、手工、乐歌、体操科目，只是高等小学堂增设农商知识课。民国元年（1912）实行县制，学堂改为学校，取缔儒家诗书。

自雍正以后到民国初年的180多年的时间里，总共为会泽培养了326名举人，其中文科进士6名，举人 70 名，副榜 8 名，拔贡 16 名，岁贡 65 名；武科进士 11 名，举人 132 名。不少人登科及第，还培养出了一门三进士的会泽籍俊才，涌现出了一大批诗人和书画人物，建立了会泽本土的文学组织，大量诗歌纷纷问世，并流传至今。

文庙内的“忠孝廉节”碑

（二）《东川府志》编纂校注始末

云、贵、川三省，是土司最多，也是土司世袭统治的地方，文化传统不同，一般没有修志的传统，东川也不例外。古代东川包括现在的会泽、东川、巧家3县（区），东川府治设在今会泽县城。会泽建县历史虽然有2000多年，但真正见诸文字记载的历史则始于清代。

清雍正六年（1728），东川府教授赵淳编修《东川志略》，该书开会泽地方志书之先河，是以正式文字记载会泽的历史典籍。现已失传。

《东川府志》包含雍正《东川府志》、乾隆《东川府志》和光绪《东川府续志》。

崔乃镛历来重视志书的编纂，1727年，他担任镇雄知州就收集了当地的历史事实，编纂了《芒部纪略》，来不及刻印出版就离开了。上任东川知府，刚好遇到兵灾、荒灾，加之政务杂乱，公务缠身，没有时间撰写书稿，又因东川一地蛮荒偏僻，也少有历史资料来供考查验证，年代久远，难于考据，创始艰难，修志难度较大。

1735年春，在无文献可考的情况下，崔乃镛收集了到任5年来咨询访问、核查探究的资料，按体例编排篇目，叙事简明扼要，力求做到不遗漏，以供后人摘录，参考。同时，崔乃镛希望后人把这件事继续下去，使其更加完整详细。

雍正《东川府志》，木刻本，全书2卷约3万字，分上下两册。上册分为序、卷之一：序为崔乃镛亲自撰写，上册包括舆图（疆域地图）、星野、气候、疆域、山川、沿革、城池、户口、田赋、风俗、物产、秩官（常设的管制）、学校、祭典、典礼、义烈、节烈、祥异、寺观。

下册即卷之二：艺文有云南巡按邓渼《请巡抚兼制东川疏》，云南巡抚朱泰祯《处置夷情顺逆疏》，云贵广西总督鄂尔泰《题东川城门说》，云南巡抚张允随《东川新建石城记》，威宁贡生孙绳《东川改土建学始末记》、镇雄知州李至《东川府石城记》。艺文部分收录了崔乃镛撰写的8篇记事散文，《修东川文庙碑记》《创建东川府石城记》《西林书院记》《东川义学记》《移建城隍庙碑记》《巧家创建制记》《劝农亭记》《东川地震纪事》。雍正《东川府志》成书之时，当时东川实行改土归流不久，百废待兴，一切尚在经营治理之中，后来修志的人亦认为，该志过于概略，是一部尚待修订补充的志书。

方桂，字友兰，举人，湖南岳州巴陵县（岳阳市）人。方显的儿子，跟随方显平叛贵州苗族有功，奏请朝廷给予了加级、记录等奖励。父丧终，方桂以知县发放广东，补英德，调潮阳。凭借判决诉讼案件而出名，言行举动出众，提拔为云南昆阳知州。

乾隆二十年（1755），提升为临安（云南建水）知府，署澄江。乾隆二十五年（1760），由临安府调任东川知府。方桂感受到，东川地处三省要冲，五金结聚，当时的东川府产铜、运铜占全省一半，又设局鼓铸，此时的东川，改隶云南30年来日新月异，俨然一大都会，不可以无志，方桂于是取来崔乃镛的原稿，在处理完政事之余，批阅修补，删繁就简，查缺补漏，旁征博引，列举掌故，搜罗事实，不漏不夸，与胡蔚合作编纂了乾隆《东川府志》。1761年，胡蔚为东川候补县丞，是有名的地方志专家。乾隆《东川府志》，增设《厂课》《铜云》《鼓铸》等门类。

乾隆《东川府志》得益于方桂在文学上有较

高的造诣。方桂描绘会泽风光的山水抒情诗《东川十景》，家喻户晓，具有较高的文学性。擅长写散文，在乾隆《东川府志》中写有抒情散文《环青楼记》；议论散文《圣慈阁记》；记人散文有缅怀刘昆的《刘将军事略》，缅怀魏国翥的《魏将军事略》，缅怀张其贵的《张将军事略》和怀念崔乃镛的《崔太守事略》；记事散文《庚戌平蛮始末记》，记载了雍正八年（1730）土司发动的叛乱。还有《创建宝塔记》。

乾隆《东川府志》，木刻本，全书6册20卷，10万字。云贵总督刘藻、布政使顾济美，驿监使廖瑛、粮储水利铜政道罗源浩，以及方桂分别为该书写了序言；胡蔚、方桂还写有跋，说明了写作经过和成书情况。较之雍正《东川府志》更为详尽。在会泽现存的三部清代志书中，人们均认为，该志价值最高。方桂在序言中写道，乾隆《东川府志》取崔志修改、补充、汇编而成，因此记载事实完备，后人不仅可以作为文献来参考，翻阅开来，一目了然，掩卷之余，会情不自禁地感慨道，昔日的“蛮荒旧土之陋，顿成京洛各区之盛也。”文化教育发展之迅速，可以和中原相媲美了。志书还将起到鼓励英才，导扬德化的作用，“自此，边徼之地，不难与中土抗衡矣。”

光绪八年（1882），湖南武陵人余泽春署东川知府，光绪十年（1884 年）去职，在任两年期间，组织孝廉茅紫方、孟品三、李实甫等人，续修《东川府志》。光绪二十二年（1896），冯誉骢奉召来守东川，索观府志，在兵火战乱后，旧志所剩已寥寥无几。10 年前余泽春续修的《东川府志》没有刻印出版，冯誉骢增补并编修了光绪《东川府续志》，全书 4 册共 10 万字。光绪《东川府续志》成书，余泽春功不可没，冯誉骢也在《东川府续志序》中也写道：“余之续刻斯《志》，非掠美也，所以成余君之志也。”光绪《东川府续志》成书于 1897 年，对方桂所记载二十六年以后一百多年的资料收集补充不多，关乎国计民生，如东川第一要务的铜政等着笔较少，《东川府续志》多书义士、烈女等纲常伦理之事。人们认为《东川府续志》价值不高。

总的说来，《东川府志》成书于雍正、乾隆、光绪三个朝代，时间跨度 160 多年，《东川府志》始于崔乃镛，成于方桂，终于冯誉骢，是一批由政治精英和文化大家编纂而成，是云南古代地方志中不可多得的精品力作，其文学价值不可小觑，至今读来令人爱不释手，获益匪浅。

从历史学方面看，《东川府志》记载了东川改土归流、建文庙开设学校、建筑石城、大地震、设置铸钱局以及开铜矿、兴铜业、整治金沙江航道、改土归流等诸多重大事件。全面记述了东川建置沿革山川、民族构成、民族风俗、生活方式、生产方式等。《东川府志》内容包罗万象，上至天文、下至地理，信息、资料丰富，是一本探寻会泽清代历史的百科全书，读来仿佛一切就发生在昨天。

2005年初，地方史学专家梁晓强对《东川府志》进行了校注。采用按语、校勘、注释、附加论文等形式进行校注。经过点、校、注、考、附文集辑而成的《〈东川府志·东川府续志〉校注本》，考证了历史，更正了抄录笔误，扩展了信息，广辑博

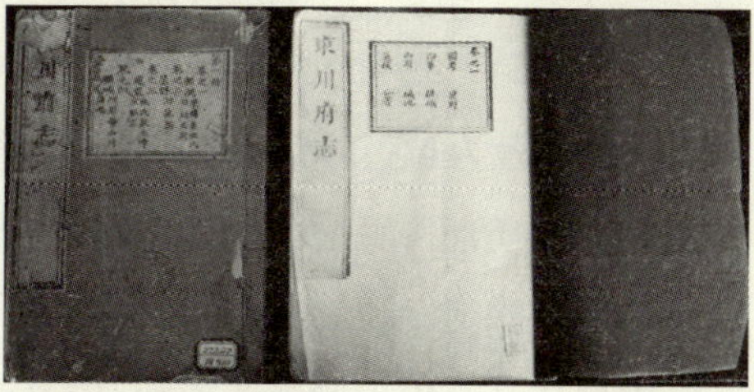

《东川府志》

纳，通古论今。《〈东川府志·东川府续志〉校注本》从原著仅17万字扩展为出版后的50余万字，突出了史料性、资料性、可读性，具有较高的学术研究价值和收藏价值。

昔日束之高阁、“养在深闺”的皇皇志书，成为今天人们了解会泽历史文化信手拈来的历史读本，为文史学者提供了诸多方便。

（三）会泽第一个诗歌组织：翠屏诗社

《翠屏诗社稿》是由时任东川知府冯誉骢选编刻印出版的。

冯誉骢(1858—1930),清光绪年间人,字雨樵,秀华,自号西山老樵,四川什邡人。历任云南东川、广南知府。为官清廉，政声颇佳。清光绪二十二年（1896）到任东川知府，工诗善书，组建了会泽第一个文学组织—“翠屏诗社”，组织府学儒生学诗、写诗，每月15日由他出题数道，粘贴于府署大堂，各人自行抄回，并且逐步“按课拟作，与诸生互相质证”的做法，宽以时日，脱稿赠阅，开展诗歌创作活动。

翠屏诗社是以冯誉骢为领袖,府县两级官员、儒生和东川本地的一些文学爱好者加盟的东川第一个群众性的文学组织。开展文学创作活动一年多，至清光绪二十三年（1897）冬季止。冯誉骢将64人创作的诗歌，加以整理，从中选出600首诗歌，结集为《翠屏诗社稿》10卷，分为上下两册，木刻出版。《翠屏诗社稿》，是会泽历史上第一部文人创作的诗集。

《翠屏诗社稿》体裁具有多样性，有五言、七言古体诗，也有五言、七言的近体诗，还有民歌风格的乐府诗。《翠屏诗社稿》题材比较广泛，有山水田园诗，民族风情诗，社会生活诗，怀古诗，咏物诗。《翠屏诗社稿》具有浓郁地方特色和时代气息，其中有近200首写景抒情诗反映了当时东川的现实生活，有的描绘了东川大山险峻、河谷幽深、水势汹涌、道路险阻的地理特征，有的刻画了边地苦寒、贫富悬殊的生活现状；也有的表达对故乡的深情眷念和卸任行前的离愁之情。

《翠屏诗社稿》中冯誉骢的作品最多，有诗183首，艺术成就也数他最高。尤其是知府冯誉骢的《东川杂诗》，共有32首，从农村写到矿山，从物产写到风俗，俨然当时东川的社会系列画卷。另有巧家厅同知王楷的《留别巧邑士民》是古代东川诗歌中最长的一首，全诗 80 句 400 字。

《翠屏诗社稿》成书后，流传广泛，影响很大，对后来会泽的诗歌创作及文化发展起到了积极作用。此书历经一百多年沧桑，现仅云南省图书馆内有收藏。

《翠屏诗社稿》之于会泽，犹如《诗经》之于中国。

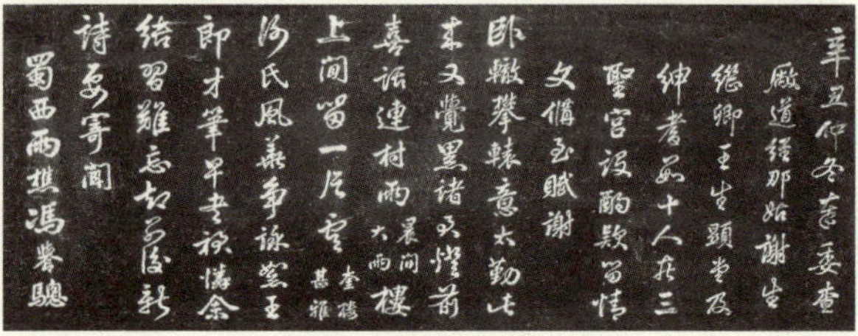

冯誉骢自书自作诗

（四）唐继尧诗歌的家国情怀

唐继尧的文化素养很高，诗书画都有相当的造诣。著有《会泽首义文牍》《会泽督黔文牍》《会泽靖国文牍》《东大陆主人言志录》等。

唐继尧爱国思想的形成，源自出身于书香门

第，深厚传统国学的熏陶，留学日本，科学、民主思想的启迪，当时中国积贫积弱，国祸民难的现实感受。唐继尧的先进思想使他成为一位伟大的爱国主义者，优秀的爱国诗人。

诗人登高抒怀，借景抒情，写景有囊括天地之感，论事有纵观古今之概。把自然景象、国家灾难与个人情思融合在一起，语言波澜壮阔，意境开阔深远，寄寓感慨深邃。至今读来，仍能令人激动不已，荡气回肠，深为唐继尧那种以天下兴亡为己任的远大抱负和忧国忧民的爱国情怀所感染。

唐继尧在 1905 至 1908 年留学日本期间写下了 187 则真实记录自己思想感情的随笔，集为《会泽笔记》（2 万 5 千多字），还写下了一些诗作，后辑为《东大陆主人言志录》。

“言为心声”，从《会泽笔记》的随笔中，我们可感受到唐继尧先进的教育思想，科学的人才观，独到的治军观，高尚的荣辱观。“诗言志”，《东大陆主人言志录》不过分追求词藻的华丽和音律的讲究，但炽热的爱国主义和革命的英雄主义，执着追求民主、自由，执着追求民族自尊、自立、自强，强烈反抗外来侵略，立誓救国救民的强烈愿望，洋溢在字里行间，令人心潮澎湃，肃然起敬。对照唐继尧一生，志与言应，言行一致，是一位爱国主义者。

他在《笔记》123则中慷慨激昂地写道："男儿应使一腔血洒为万顷甘霖，得润苍生。"在《笔记》79则、167则中明确表示："我良知最清明者，为爱国救民四字。""当此国家危难之时，吾辈岂可存丝毫自私之念，而不精诚团结，以谋挽既倒之狂澜乎？"

唐继尧的理想是"不速使中国富强，凌驾欧美，俯视列强，枉为二十世纪之中华男儿，生何如死!""男儿应发奋图强，使国家复兴"（《笔记》之44则），但身居异国求学深造的唐继尧，此时尚处于报国无门的境地，在《笔记》之159则中，他写下了"甲庚耻，犹未雪；英雄恨，何时灭"的词句。很明显，这是化用岳飞《满江红》"靖康耻，犹未雪；臣子恨，何时灭"的词句，以抒发自己的满腔悲愤之作。他在《笔记》之47则中强烈表达了洗雪国耻的愿望:“故吾不生则已，吾生必尽雪之。”类似这样发愤报国雪耻的铿锵有力的铮铮誓言，在《笔记》中随处可见:“忍辱求学，为国也。今日流血汗，为后日洗国耻，涤国仇之用也。……甲午、庚子之役，我民无端惨遭异族屠戮；日俄战起，东北父老无辜受其蹂躏，皆我之父兄子弟也；此仇不雪，则我罪不恕；天之生我，宁无意乎？”（《笔记》之66则）

《东大陆主人言志录》是唐继尧在1898年至1922年之间的诗作总汇，计123首。最早的一首为少年时作的《仲春大雪》，最晚的一首为1922年《壬戌元日在柳州步郑参赞韵》。体裁均为七言，其唐继尧书法绝句66首，律诗57首。从内容上说，这些诗可分为言志诗、报国诗、寄内诗、交友诗、咏景诗、怨战诗6个方面。

唐继尧的言志诗和报国诗继承中国最古老的诗歌《诗经》及之后屈原、杜甫、岳飞、陆游、辛弃疾、文天祥、龚自珍等爱国主义传统。有人认为，唐继尧的诗是宣扬革命的旗帜，宣扬民主、自由、平等和共和的号角，是批判皇权和专制制度的长矛。充满了“大江东去”的阳刚之美；诗作大气磅礴，雄奇豪放，犹如奔雷闪电，狂飙骤雨，怒海惊涛；善于用典，想象神奇，意境深远；诗中剑气横空，龙马飞腾，豪情万丈。曾为云南护国运动策划者、组织者之一的任可澄先生，在《东大陆主人言志录》的序文中对唐继尧的诗文赞言道：“展诵之余，觉其魄力之雄毅，与夫怀抱之伟大，往往流露于言外。”

《七月黑龙潭养疴》

江山放眼谁为主，大地茫茫任我行。
事业英雄宁有种，功名王霸总无情。
千章老树饶生意，百尺寒潭订旧盟。
举世由来平等看，誓凭肝胆照苍生。

1915年7月，诗人在黑龙潭养病，这一年7月至10月，先后写下一组七言律诗，共四首。这首诗写于1915年10月，是黑龙潭养病组诗的第四首。表现了诗人创立英雄事业的决心和与百姓肝胆相照，为百姓鞠躬尽瘁，死而后已的崇高精神。

《庚戌正月昆明道中偶成》

雄才几辈傲仑华，千古功名未足夸。

蔓草他年收拾净，江山遍栽自由花。

这首诗是唐继尧1910年正月由会泽赴昆明途中偶然有感而发的两首七言绝句之二首。仑是法国的拿破仑，法国政治家和军事家。建立法兰西第一帝国称帝。华乃美国的华盛顿，乔治·华盛顿，美利坚合众国奠基人之一，被称为“美国之父”，为反对英国殖民统治，曾领导美国独立战争，当选为美国第一、二任总统。这首诗表现了诗人藐视权贵，决心开创比拿破仑和华盛顿更伟大的功业的宏

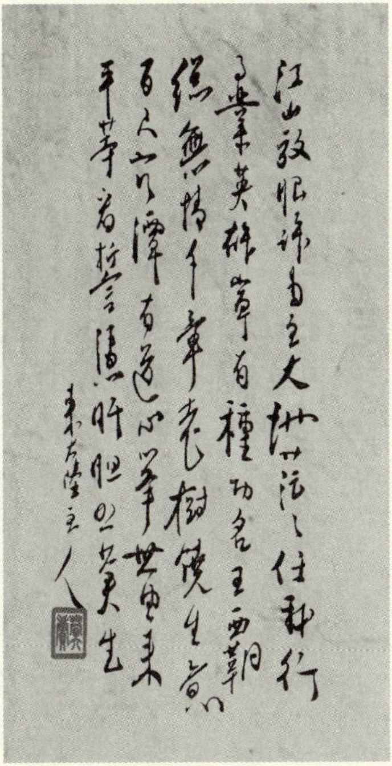

唐继尧诗作

伟抱负。诗风沉郁凝重，气概豪迈，富涵精髓。

唐继尧寄内诗描摹夫妻之情，男女相思，既有卿卿我我的缠绵悱恻，也有四海为家的豪迈旷达；既有肝肠寸断的离愁别绪，又有赤心报国的豪情壮志；诗风委婉清丽，令人回肠荡气，具有很高的思想性和艺术性。唐继尧6岁入私塾，聪慧过人，过目成诵。学诗作文，独出心裁，15岁应童子试,名列榜首，为博士弟子员，尔后留学日本，放眼世界，志向高远。因此，“唐诗”用典丰富，想象神奇，意境深远。

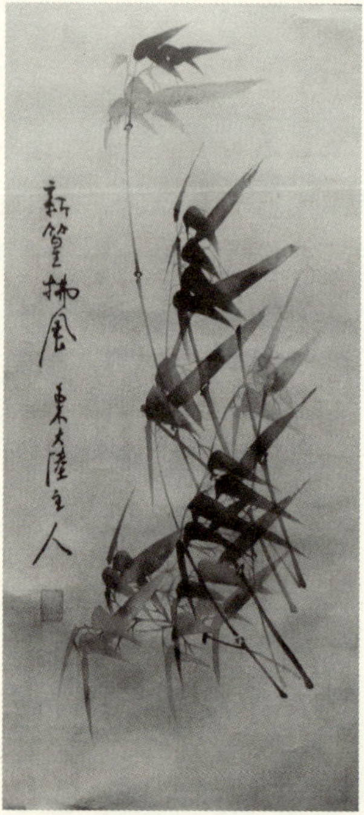

唐继尧丹青

文学作品是社会生活的反映。唐继尧诗是了解清末民初中国社会的窗口，从中清晰地看出少年唐继尧、青年唐继尧、中年唐继尧的心路历程，诗中交融着深沉的历史感与强烈的时代感。“唐诗”中那“救国救民的宏伟志向，枕戈待旦的报国情怀，国而忘家的无奈心肠，万不得已的征战心情”；唐继尧执着追求民主、自由，执着追求民族自尊、自立、自强，强烈反抗外来侵略，立誓救国救民的强烈愿望；在一百年前唐继尧领导的那场护国运动所彰显出来的“强烈的爱国主义情怀、敢为人先的革命勇气和为国牺牲的无畏精神”都得到了充分的体现。唐继尧是中国现代史上一位具有雄才大略、文武兼具的杰出人物，书法和诗词都可称道。唐继尧书法作品功力深厚，风格独特，数量众多，以手札[①]数量较多，大多为自书自作诗。楷书端庄雄伟，平整峻峭，笔力遒劲[②]，气势夺人，既“颇得鲁公[③]神髓，而又能独创一格”；行书笔法熟练，潇洒流畅，有二王[④]之遗风；草书笔走龙蛇，纵横奔放，随心所欲，不拘一格，

①（手札（zhá）），是指亲手写的书信，“亲笔信”。

②（遒劲（qiú jìng））雄健，刚劲有力。

③（鲁公（709–785））即颜真卿，字清臣，汉族，京兆万年（今陕西西安）人，祖籍琅琊临沂（今山东临沂），唐代中期杰出的书法家。他创立的“颜体”楷书与赵孟頫、柳公权、欧阳询并称“楷书四大家”。

④（二王）后人将东晋大书法家王羲之和王献之父子并称为“二王”。

深得岳飞神韵，字如其人，展现了这位军事家和政治家的胸襟和气度。唐继尧的书法，有着浑厚有力的点画之美，意态奇崛的结字之美，丰富多变的章法之美，诗书相谐的意境之美。

唐继尧的绘画作品多为兰竹。所画的竹子、兰草，法度严谨，枝叶穿插得当，疏密相间，有风竹萧萧之感，含傲然挺立之势，画如其人，飘逸灵动，高雅脱俗的兰竹，折射出唐继尧人格的风范和操守，唐继尧亦擅彩墨绘画，其艺术造诣淳炯[①]，宗法天然大写意[②]。

（五）民间传统大戏：耍龙灯

耍龙灯这种民俗发端于西汉时期，已有两千多年的历史，不可谓不久远。会泽县城耍龙灯由来已久，持续了三百余年，历经清朝和民国，一直走到今天，着实令人叹服。

华夏民族是农耕民族，在农耕文明不发达的古代，农事更得顺天应命，所以每逢久旱不雨，尚处于蒙昧状态的先民们便通过法术并伴以舞龙

①〔淳炯〕质朴深邃。

②〔写意〕国画的一种画法，用笔不苛求工细，注重神态的表现和抒发作者的情趣。是一种形简而意丰的表现手法。

耍龙灯

活动来祈求一场甘霖。为什么要舞龙呢？因为先民们认为龙是海洋的主宰，能兴云雨、利万物，故尊为祥瑞之物、华夏之神。而随着岁月的推移，舞龙活动已由最初的祈雨转化为一年一度的祈愿，民众或一方政府希望通过举办舞龙活动，能在新的一年风调雨顺、五谷丰登、平安祥和。

在没有广告、招贴画的年代，会泽的龙灯活动，从旧历正月十二出灯，到十六烧灯结束。

《会泽民族民间传统文化》一书这样记载会泽传统的龙灯顺序：最前面由耍火碳者开道。耍火炭用细铁丝拴着两个装着燃烧木炭的铁框，双臂交叉挥舞，宛若火球翻飞，既增强节日气氛，又为龙灯队伍开道。后面是长约 1.5 米的木质过山号一对，吹奏时发出呜呜声响，无旋律节奏，其声粗犷高亢，数里外也能听到。与过山号组合的是鼓、锣、镲等。紧接着的是各种彩灯：先是圆形灯一对，号“头灯”，上书写“风调雨顺”“国泰民安”之类的句子。之后为木质长方形牌灯数对，各种水陆动物彩灯十数对，诸如狮、马、鹿、象、鱼、虾、龟、鳖等等，造型生动，栩栩如生，牌灯内燃蜡烛照明。彩灯队伍连绵近百米，蔚为壮观。彩灯后面是云彩灯、彩船、鹬蚌灯等，人们边舞灯边作一些简单、生动的舞蹈动作。用二胡、南胡、笛子、小锣、云锣、小镲等伴奏，曲牌多为《小鹧鸪》《小开门》等，旋律清新明快。再后是舞狮。狮子由两人表演，一人在前顶狮头，一人在后扮装狮身，用布制狮披覆盖，再一人头戴大头和尚面具，反穿皮袄，手执拂尘，前后跳跃做逗引狮子状，狮子则随着他旋转跑动，就地翻滚。在表演过程中，要燃放鞭炮，再配以打击乐。最后则是龙灯队。龙头、龙身、龙尾合计由12节组成，如遇闰月，龙身则要增加1节，共13节。各节之间用绘有鳞片的龙披连接。龙灯内燃油纸捻。整个过程要燃放礼花、鞭炮，锣鼓喧天，礼花阵阵，鞭炮齐鸣，龙灯在五彩缤纷的焰火中上下翻舞，是整个龙灯活动的高潮。龙灯时而高高跃起，仿佛直飞云端；时而快速俯冲，好像扎入深海。表演内容有“龙摆尾”“龙穿花”“蛇蜕皮”“蛟龙戏水”“二龙抢宝”等，动作跳跃飞腾，气势十分雄伟。

2005年10月，会泽龙灯被曲靖市人民政府列入第一批民族民间传统文化保护名录。

（六）天籁之音：会泽海腔

诗人何其芳称赞:“彝族民歌很有特别的色彩，就像在遥远的寂寞的山谷中忽然出现的奇异的迷人的音乐。”

“大田栽秧行对行，一对秧鸡来歇凉，秧鸡要找秧鸡伴，小妹要找唱歌郎。”

阳春三月，乌蒙山中的“百灵鸟”、会泽海腔传承人金银焕和她的姐妹们放声歌唱，甜美的歌曲从心里飞出，歌声穿越云霄，飞越千山万壑。

自古以来会泽就是彝族人民休养生息、繁衍后代的地方。彝族人民常年在水田里劳作，为解除疲劳，增添劳动情趣，就自编了小曲在栽秧、薅秧时唱，金钟坝子自然就成了民歌的海洋。久而久之，“四平腔”“小彝腔”“高腔”“海腔”成了人们喜闻乐听的会泽民歌。特别是“海腔”高亢激越、热情奔放、雄浑深沉、穿云裂石、清扬动听，唱词可根据情景自由变化，成了会泽海坝独领风骚的民歌，深受人们的喜爱。

会泽海腔主要流传于县城郊区的石鼓、水城、华泥、中河等坝区村子。这些歌谣有感而发，信手拈来，最直接地反映了彝族人民的心声，表现了他们的喜怒哀乐。大凡田间劳作的欢欣，居家日子的恬美，喜庆祥和的祝愿，伤感悲痛的回忆，美满爱情的憧憬和幸福生活的向往等等，皆是会泽海腔的表现内容，涉及彝族人民生产和生活的方方面面，情真意切，感人至深。如今，海腔已成为会泽民歌之首，古老的会泽海腔一代又一代地在民间传唱，成了镌刻在百姓心中的一种文化符号，是一种永恒的文化，是生活在这片土地上的人们永远的精神食粮。

金银焕是会泽海腔音乐传承人。她自幼跟随母亲学唱海腔，掌握了会泽彝族海腔唱法的真谛，虽然没读过书却能出口成章，唱词句句合辙押韵，词意丰富，寓意深刻。如今，她已带出了朱美兰、刘丽红、史昌珍等一批活跃在城乡舞台上的海腔演唱高手。

2005 年 10 月，由中国文化部民族民间文艺发展中心主办的“中国第三届南北民歌擂台赛”在北京举行，金银焕和朱美兰代表云南赴北京参赛，荣获“优秀传承奖”。

2013 年 12 月，在临沧举办的云南省第八届民族民间歌舞乐展演上，《会泽海腔》获银奖。

（七）古代交响乐：会泽洞经音乐

洞经音乐是中国传统文化宝库中一颗璀璨明珠，是音乐的活化石，被誉为“古代交响乐”，已被联合国教科文组织认定为全人类宝贵的非物质文化遗产。

入夜，豫章会馆内灯火通明，戏台两侧设几案，各种乐器依次排列，儒雅长者们身着长衫马褂，青鞋布袜，净手焚香，气氛顿时肃穆下来，首座（指挥）鸣锣示意，三通鼓后，热烈高昂的唢呐开场，古雅的音乐如涛生云涌，10 多首曲子，一曲有一曲的特色，一调有一调的韵味，或如白云行空，或如落花飘落水面，似龙泉出水缓缓而流，若月白风清竹影摇风，使听者悠闲神往，俗虑俱消，宠辱皆忘。仿佛置身世外桃源。这就是被喻为“阳春白雪”的会泽洞经音乐。

洞经音乐是珍贵而独特的古典乐种。洞经音乐起源于四川，发祥于梓潼。因演奏《文昌大洞仙经》得名。经乐相承，谈演并进，音乐化民。

洞经音乐自南宋孝宗乾道四年（1168）产生以来，迄今有800多年历史了。在漫长的演化过程中，经历了初传、渐盛、鼎盛、衰微与重振几个阶段。

云南的洞经音乐在明代已经开始兴盛，清代则是洞经音乐在云南普及、发展、繁荣、融合的鼎盛时期。全省120多个县，凡人口较多的村镇，都有数量不等的洞经乐队定期活动，并伴随着马帮的行踪，渐渐传到域外。滇人离乡背井，每逢佳节之期，便展开经书，操起乐器，悦耳动听的乡乐，使多少华人流下思恋的热泪。民国年间，洞经音乐仍在云南各地依例演奏，甚至唐继尧出师讨伐袁世凯之前，昆明洞经会亦应邀谈演祭旗。

会泽洞经音乐在会泽的金钟、者海、娜姑等地流传。会泽演奏洞经古乐的“桂香学”，一直活动到新中国建立前夕。2000年12月会泽古乐团成立，重新抢救发掘、整理出古乐曲目，使这一高雅严肃的音乐再度焕发青春。会泽洞经音乐的主要代表人物是梅世缈、施宗海和陈灵生。2002年5月，梅世缈被云南省文化厅和省民委命名为云南省民族民间音乐师。

会泽洞经音乐演出的曲目主要有《三通鼓》《将军令》《小鹧鸪》《开经赞》《倒拖船》《锁道龛》《新卦腔》《拟告》《赞腔》《老卦腔》《大成赞》。2006年5月，会泽洞经音乐被云南省人民政府公布为第一批非物质文化遗产保护名录。

会泽洞经音乐，是一种唱诵经文的音乐，具有高雅、幽深、清新的特点。它是集儒、释、道三教合一音律且具地方韵味的古乐。旧时，会泽洞经音乐的主要功能是通天地、和人神、移风俗，具有中和之美、意境之美、自然之美。

洞经音乐是歌颂和谐，歌颂太平盛世和安康吉祥的音乐，厚重典雅，奏之令人脱俗欲仙，五岳尽寂，万垓皆幽，让听者为之动容，赞叹不已。常咏常听，可促进人们树忠孝之心，尽仁德之义，行善事之举，享长寿之身。

年逾古稀的老人，操持着古色斑驳的乐器，

当洞经乐曲响起，会突然唤回你千年的回忆。在那悠远的乐曲声中，在古城迷离的小院里，仿佛又回到了鼎盛的唐朝。

（八）民间歌舞艺术：会泽小唱灯

会泽小唱灯亦称“太平灯”，是一种大众艺术，每年春节至元宵节期间演唱，祈求风调雨顺，国泰民安，是一种民间自娱自乐活动，不择场地，随处可演。会泽小唱灯主要有歌舞、小演唱和花灯戏三种表演形式。歌舞多是集体性的表演，也有二三人表演的小歌舞。小演唱是一支或多支花灯小调的演唱。这两种表演形式，都没有故事情节和人物形象，多以热烈欢快的气氛给观众以感染。花灯戏主要是独幕小戏和折子戏，也有少部分大

会泽小唱灯

型剧目，是花灯表演的主体部分。

戏内容丰富，有的表现了劳动人民勤劳朴实的优秀品德和男女青年的爱情生活，有的鞭挞嫌贫爱富、惩恶扬善，有的表现了旧时代劳动妇女的苦难生活。此外，还有一部分花灯节目是有一定故事情节或人物形象的会泽小唱灯花灯歌舞，这是一种歌舞向戏剧过渡的形式。如《蚊虫闹五更》一类的花灯戏，人物多以小生、小旦和小丑为主，各类花灯戏，民间号称有“三十二折”。

会泽小唱灯的艺术性和观赏性较强。以《八十公公进花园》《东川采茶》为代表的“小唱灯”节目，形成了独特的表演和音乐风格，在滇东北地区有较大的影响力。

2005 年 10 月，会泽“小唱灯”被曲靖市人民政府列入第一批民族民间传统文化保护名录。

（九）高雅严谨的说唱：圣谕宣讲

“圣谕”，皇帝的诰敕诏令；宣讲，用通俗浅显的语言讲解。“圣谕宣讲”就是以世俗之言，发神圣之训，不用伴奏的民间说唱。

每个月的初一、十五都是设坛集中宣讲的日子，遇到干旱天灾时，就破例天天宣讲，一次宣讲两小时左右。举行前，先到三圣宫内请出供在里面的“圣谕牌”，牌上一面写着“圣谕”，一面写着“孔子”。请“圣谕牌”，自然少不了焚香沐浴，三跪九叩。然后，主讲人在前面捧着“圣谕牌”，后面由古乐队跟随，吹吹打打。在会泽县城或白雾街上搭一高台，上置一方桌，主讲人坐在台上一侧，“圣谕牌”供奉在桌上正中，左右两边即对联，左联为“百善孝为先”，右联为“万恶淫为首”。宣讲者宣讲前三日沐浴斋戒，宣讲时穿长衫、带小帽，焚香净手，三跪九叩之后，开始宣讲，听众分方向而站，“男东女西不得混杂，代天训化不准喧哗”。主讲人声起，观众肃穆，侧耳倾听。宣讲中提及皇帝皇号，全体起立以示肃静。

“圣谕宣讲”兴起于1829年，随着历史的演变，“圣谕宣讲”淡出了历史的舞台。后来，逐渐演变为以劝人行善、宣扬孝悌忠信为内容的不用伴奏的说唱形式。

（十）祈雨的民俗活动：祭龙求雨

百里不同风，十里不同俗。白雾至今还保留着祭龙求雨的民俗活动。它像一面生活的镜子，把白雾村人生活的细枝末节、心理特征、审美情趣、价值观念，都映射出来……

遇到干旱少雨之年，以及每年的三月十五、九月十五日，白雾村均举办庙会，村民们聚集在三圣宫，念经祈祷，少则一天，多则三五天，接下来便迎香请水，用柳枝扎成水龙，龙节9至13不等，人们将木雕的行祖君（王灵官）抬出游行，游行时由武乐开道，文乐随行，前呼后拥，观者夹道，热闹异常，所到之处，家家户户都要储水泼洒，水龙过后即扫除清街。这种游行习俗称为“打青醮”，一种极具地方特色的祈雨民俗活动。

（十一）风格别致的彝族火把节

“火把节”是彝族人民的传统节日。据传，元朝末年，东川路府官兵的军马营（会泽县城郊的马厂村）分为三营六寨，寨寨相连，寨中官兵大都是彝族弟子，他们按照本民族的传统习俗，每年农历六月二十四日这天，夜幕降临，就在各自军马营门前点燃用小松树杆炸裂加木楔做成的火把，火光一片通明，互照辉映，周围寨子的村民也都一起聚集玩耍，异常热闹，表现了团结的炽热情谊。

“火把节”又叫星回节。关于星回节的壮观景象，乾隆《东川府志·艺文志》有一首云南郎中文章甫写的七言律诗作了生动描述：“云披红日恰衔山，烈炬参差竞往返；万朵莲花开海市，一天星斗落人间。只疑灯火烧元夜，谁料乡傩到白蛮？次日吾皇调玉烛，更于何处觅神奸！”

关于星回节的传说很多，乾隆《东川府志》记载有两说：相传六月二十四汉兵攻克大理，烈妇阿南此日殉难，后来便成为阿南的纪念日；相传在唐代时，云南境内有六个部落，称为“六诏”。大理洱海地区部落蒙舍诏日益强大。六月二十四这一天，南诏王皮逻阁邀约其他五诏首领聚会。邓赕诏首领的妻子慈善夫人认为皮逻阁居心不良，极力劝丈夫不要前往。果然不出所料，皮逻阁火烧了首领们聚集的松明楼，五诏首领均未幸免于难，接着又发兵攻打邓赕诏。后来，皮逻阁听说了这个聪慧贤德的慈善夫人，想霸占她为妻。慈善夫人闭城坚守半月不降，到弹尽粮绝才自杀身亡。此后，人们举着象征斗争的火把，以纪念这位不畏强暴的慈善夫人。

此后，每年的“火把节”也就逐年扩散传开，彝汉共庆，所表达的内容也很丰富，广为流传，至今不衰。

会泽“火把节”的夜景极为壮观，手持火把的各族男女老幼来到田边地块，火光若群星闪烁，抬照田地庄稼，所代表的寓意为引稻升穗，扑灭虫害，确保丰收。

手执火把者路遇亲朋好友，迎着喷撒松香面三把，口中念着吉祥平安的封赠话语，以示尊敬。年轻人互相追逐喷撒斗闹，看谁喷射的火焰高，即表示一年中万事顺利，就能抢占上风。此外，还将未燃尽的火把放在家门门槛上，为小孩喊魂附身，驱鬼避邪，将小孩端阳节佩带的香包、百索解下放在火把上烧掉，消除病魔。燃烧剩下的火把头用以煮第一顿新米饭，全家食用，以示吉祥，丰衣足食。

（十二）欢快奔放的苗族芦笙舞

苗族是一个能歌善舞的民族，性格豪爽，勤劳朴实。会泽的苗族主要分布在马路乡和大井乡。

芦笙舞是苗族人民非常喜爱而又有着本民族独特艺术风格的一种娱乐性活动项目。芦笙既是演奏的乐器，又是手中的道具，是用葫芦和长短不等的竹管制作，形状别致，吹奏的音色清新悦耳，富有韵味，演奏者双手抱着芦笙边吹边舞，有单人芦笙舞，双人舞，多人甚至几十、上百人都可跳的集体芦笙舞，所表现的内容有欢庆丰收的“打麦舞”、小孩剃长毛跳的“剃长毛芦笙舞”，还有婚喜嫁娶跳的“鸡叫笙”“迎客笙”“过路笙”“吃酒笙”“敬酒笙”“送客笙”“压步笙”等等。舞曲有9曲18首，在不同的场合吹奏不同的曲子，表演不同的舞蹈。

每逢节日佳期，必跳芦笙舞，特别是每年的五月端阳节则是苗族的“耍花山”，这天穿着苗族盛装的青年男女从四乡八里汇聚到花山场地纵情欢歌起舞，喜获丰收庆升平，男女对歌互传情，热闹非凡。

（十三）中华一绝：会泽斑铜

有一种铜器，它的价格和黄金不相上下，有“斑铜黄金价”之说；有一种铜器，它的璀璨比之宝石毫不逊色，“远近购者珍之”。它就是享有“中华一绝”“金属宝石”美誉的会泽斑铜。

张克康，出身于一个匠人世家，会泽斑铜传统技艺的第十二代传人，居住在会泽县城中宽不足3米、长不过百米的古旧老街—铜匠街。提及会泽斑铜，就必谈张克康和铜匠街，会泽斑铜的传奇，就这样以它特有的方式定格在这样的现实中。

一项伟大技艺的出现有它应有的传承渊源，往往和历史有着千丝万缕的联系。

一些学者考证，会泽斑铜产生于明末，距今300年左右。在继青铜、白铜之后，斑铜又成了会泽乃至中国的一张名片。斑铜工艺传承于2000年前汉代堂琅铜洗薄膜锻打技术，斑铜传统制作工艺的原产地在会泽也就不足为奇了。

一项技艺的诞生往往凝聚着一个家族数代人的智慧。现今在会泽众多铜匠中，名气最大的要数张克康。张克康祖籍南京，先辈均为铜匠。明宣宗时，参与宫廷祀器大明宣德炉的制作。明末，与大批手工业者一道移民来到云南，初至澄江铸造

会泽斑铜第十一代传人张兴源

寺庙内钟鼎。清康熙末年迁至会泽定居，在铜匠街经营铜器，制作斑铜工艺品。张家定居会泽时，正好是铜矿开采冶炼鼎盛之时，商业兴旺，市场繁荣，原料不缺，销路不愁，技艺亦得到很大的提高。像张家这样的铜匠世家，在铜匠街有 20 多家。铜匠街的铜匠，日子过得倒也安稳，白天歇息，晚上酒足饭饱后，点起火炉，拉起风箱，叮叮当当做起活路。夜深了，其它街上的店铺早已关门歇业，铜匠街却是风箱声、铁锤声一片，院子里熊熊炉火映红了会泽古城的夜空。

斑铜，指的是匠人用天然铜矿石，以冷锻成型方法制作成的铜制品，因其表面有璀璨、闪耀的晶斑而得名。

斑铜工艺就是一门以自然铜为原料的古老手工锻造工艺。经能工巧匠做出来的斑铜，表面分布着星星点点的斑点，离奇闪烁，宛如游离在一块黄色绸缎上的明珠。如此考究的会泽斑铜是如何炼成的？斑铜制作的原材料必须是含铜量超过 90% 的天然生铜，民间称之为自然铜（又称“鸡窝铜”），自然铜可遇而不可求，故价格不菲，今天的市场价生铜每斤在数百元左右，成色好的上千元。一旦含的杂质太多，或是形状空洞，锻造成的是废铜而不是斑铜。连最有经验的铜匠，也没法保证买的生铜就一定能做成斑铜，买铜风险极高，锻打出来的可能是价值连城的斑铜，稍有不慎，也可能是一文不值的废铜。这种赌博式的买铜选料，令人经历着一贫如洗与一夜暴富的轮回。

铜匠买来自然铜，自然不是为了收藏摆阔，而是因料制宜，倾尽心力，使其成为一件完美的斑铜器件。一套完整的斑铜手艺，分为选料、剔料、成坯、造型、烧斑、整形、煮斑、擦洗、抛光等20余道工序。烧斑的炭，必须用上好的专用炭。烧制时要在屋内堆好炭，将工件埋置其中，让其自然烧炼。通风、温度、时间、火候的把握都有严格的要求，没有熟练的操作技术和丰富的实践经验是不会成功的。如果温度过低，就不会形成晶斑；温度过高则会把工件烧变形熔化。如此繁杂的工序，稍一疏忽，便前功尽弃。

自古以来，斑铜手艺传内不传外，传男不传女，直到清光绪年间张家因人手不够，才首次收异姓为徒。但烧斑等关键技术，概不外传。张家一直有道秘不示人的工艺：烧斑之后，要将其放入几种植物熬制而成的药水中反复清洗，去除杂质后，斑铜表面的晶体斑花更为晶莹剔透。因此徒弟出师后只能加工简单的铜器，做不了斑铜。

一件斑铜要烧数十次，锻打上万锤，历时数月方能完工。对铜匠而言，完成一件斑铜，或许还意味着长达数月赌博的结束。斑铜的魅力，或许正在于它的传奇，它是自然的恩赐，它融入了铜匠的悲喜人生。

斑铜全手工打造，每个艺人都有自己的“独创性”，每件斑铜都是独一无二的。在橘红色的基面上，均匀地布满了黄白交灿的晶斑，这种晶斑特有的折光性和立体感，宛若在铜体内均匀地镶进了若干细小的水晶石，看似凹凸不平，实则光滑如镜。整个工艺品锃亮璀璨、金赤交辉、晶莹闪烁、光彩照人，富丽凝重，古朴典雅，因此，会泽煅打斑铜具有相当高的欣赏和收藏价值，清人吴大勋记载，斑铜还有治病之功效，每一件斑铜都是绝世珍品。

斑铜，历来被视为至宝，堪称工艺品之冠。在古代中国，斑铜是皇室专门收藏的贡品，民间只有达官贵人、商贾富豪才敢问津。如今，自然铜极其稀缺，斑铜成品更是罕见，张氏生斑作品更显珍奇，众多藏家对此趋之若鹜。

2006 年 5 月，会泽斑铜工艺被列入云南省第一批非物质文化遗产保护名录，2008 年 6 月，斑铜被列入全国非物质文化遗产保护名录。斑铜成为国宝。

斑铜手艺代代相传，张姓第十代传人张宝荣、张宝华兄弟制作的斑铜香炉，在 1921 年巴拿马国际博览会上获银奖，在国际上享有较高声誉。张克康父亲张兴源，自幼在家中耳濡目染，后来成为会泽远近闻名的铜匠。

张氏斑铜第十二代传人张克康，在继承和弘扬优秀民族民间传统工艺方面做出了突出贡献，1999 年 6 月被省文化厅命名为云南省民族民间美术师。2009 年 3 月，张克康代表云南省参加了在北京举办的全国民族民间工艺大展。这是对张家数代人的坚守与执着的一种肯定与褒奖。

2011 年，市文化局拨款 10 万元，建盖了斑铜技艺传习所，这一古老技艺得以传承并发扬光大。

斑铜，会泽历史传奇的一页。张克康和他的斑铜技艺，犹如古人的影子，最终留在了铜匠街，向来访的人们不知疲倦讲述着会泽因铜而名的传奇历史。

一件高20厘米左右的双龙抱耳瓶，已有人给出十几万的高价，张克康留作传家宝。

如今，会泽斑铜分为生斑和熟斑，已形成了手工锻打与现代工艺并存的生产格局。会泽斑铜以自己特有的方式延续着自己独有的传奇。

五、名城名村

（一）中国历史文化名城：会泽古城

人们认为，会泽古城就是一座没有围墙、露天的明清古建筑博物馆。目前，尚有 19 座寺庙、8 座会馆、12 处宗祠、132 处民居镶嵌会泽县城及近郊。每一座寺庙，都是世俗民间的信仰坐标；每一座会馆，都代表着一地的人文情怀和价值倾向；每一座宗祠，都铭刻着一个家族的秘史和兴衰。

寺庙是供祀神佛之地，一般都是建在林木葱郁的山上，而会泽的古刹则是建在真正的“风水宝地”—— 屏山蔓海之间，可谓是城中佛国。寺庙多是会泽的一大特点，星罗棋布，遍布城乡。会泽先贤雷念达先生曾做过详细统计，仅会泽县城内及城郊就有寺庙 85 座。会泽寺庙多且紧邻，或一墙之隔，或隔街相对，或上下紧靠，或前后紧连。儒道释融合，诸神佛同敬。入门来不分三教，到此去原本一家。

除了儒家的庙、佛家的寺、道家的观外，还有基督的堂，东关街天主堂、丰乐街耶稣堂就是两座“洋庙”。在不足3.6平方千米的土地上，各类庙宇共108座。会泽一百零八寺，多少楼台烟雨中。百座会馆寺庙聚于一城，各路神仙云集会泽，会泽成了名副其实的“寺庙之城”“众佛之域”。寺庙历代香火旺盛，叩拜者络绎不绝。各扬各的名，各拜各的佛。香烟袅袅、木鱼声声，给人带来一种别样的意境。

会泽寺庙建筑十分考究。青砖碧瓦，雕梁画栋，兽首相逐，造型逼真，栩栩如生。清代庙会期间，办神事，唱大戏，有吹手，有说书，有商贸。寺庙中金碧辉煌的大殿、活灵活现的雕塑、寓意深刻的楹联，既是佛学文化的体现，也是中华民族传统文化的浓缩与精华。

这里是包容的，儒家的仁德，道家的无为，佛家的空灵，天主教、基督教的赞美诗，依托寺庙、教堂、会馆一并拥揽入怀。

在会泽古建筑中，知名度最高的是会泽会馆。

会馆以建盖者的籍贯地命名，同籍乡人聚会议事的场所，曰同乡会馆，供奉着乡土神，在外游子的精神家园；会馆以团结同行同业为宗旨，曰同业会馆；是在外商人的商务会所，供奉着行业神，护佑着同业同行的兴旺发达。无论同乡会馆，还是同业会馆，都是流动的家园。

清康、雍、乾时期，随着铜的大量开采，“湖广填四川”大规模移民的大量涌入，不仅会泽县城会馆林立，连者海、矿山、娜姑等地都建有会馆。先后建起各级会馆 44 座，使会泽因此成为中国会馆最多、门类最全的县城。

“争修会馆斗奢华，不惜金银亿万花。”会泽会馆是会泽历史地标性的建筑物。会泽会馆以八大会馆最为出名，分别是江西会馆、湖广会馆、贵州会馆、云南会馆、江南会馆、福建会馆、陕西会馆和四川会馆。建筑密集与奢华，规模体量之大，建筑水平之高，享誉全国。

会馆均以“三雕”见长，一撇一捺精致入微；会馆均胜于装饰，粘贴着人们的念想和追求；会馆多悬挂楹联匾额，彰显着人们的理想和品位，会馆多建有戏楼，传唱着中国的传统文化。因为有了会馆，会泽的铜商文化就显得更加醇厚和灿烂。参观会泽会馆建筑，即是纵览明清到民国会泽的经济史和文化史；对会泽会馆的阅读，就是对会泽历史文化的阅读。会馆，外来移民在新移民地生存发展的缩影。会馆的数量，昭示的是一个地方经济是否繁荣；会馆的大小，则是一地商帮实力的展现。会馆，本土文化在新移民地的“克隆”。会馆所蕴含的是一地的历史韵味，一种历经沧桑而存在的文化精神。一座古会馆，半部会泽史。

会泽城区的会馆，当其盛时，人口来自五湖四海，语言南腔北调，民族荟萃，生活习俗各异，这种情况延续了三四代人，形成了会泽独具特色的“会馆文化”，会泽城享有“会馆之都”的美誉。

现在，一些会馆建筑在历经百年风雨沧桑之后，或毁于自然之力，或败于人为因素，已荡然无存，仅剩遗址。大多数会馆人去楼空，乡音嘈嚷、门庭若市的光景一去不复返，变得冷冷清清、门可罗雀，归于沉寂，昔日的辉煌存留在人们久远的记忆里。

在中国民间文艺家协会主席、著名作家冯骥

才主编的《古风·老会馆》一书“中国会馆之最”部分中，清楚地写道：“全国会馆最多的县城——云南会泽。”①

2006年5月，国务院将赣、楚、淮、黔、晋、秦、闽、川、滇十省于云南会泽所建的江西会馆、湖广会馆、江南会馆、贵州会馆、陕西会馆、福建会馆、四川会馆、云南会馆，公布为“全国重点文物保护单位”

春秋辗转，流年如水。会泽的会馆兴盛于铜，也衰落于铜。如今的会馆已失去了应有的功能，保存下来的大多沧桑依然，成为今人旅游和凭古吊今的好去处。

祠堂亦称家庙，是家族精神文化活动的中心。各种祭祀、议事均在祠堂里进行。“社则有屋，宗则有祠”。扎根会泽的富家大户为了巩固提升他们自己的地位和声望，维护自己的利益，将宗祠视为是住宅不可或缺的配套工程，聚族而居，通过宗祠来凝聚宗族人心。衣锦还乡的地方知名

① 出自冯骥才主编《古风 · 老会馆》附录部分“中国老会馆之最”第199页，“会馆最多的县城——云南会泽。明清时期，钱币制造业促进了会泽铜冶业发达，‘商贾云集，八方辐辏’，人口骤增，同乡会馆、行业庙会纷纷建立，使会泽享有‘会馆之城’‘庙宇之都’的美誉”。

人士，也大兴土木，兴建祠堂。会泽县城的祠堂多达十余处，如翠屏山麓周家祠堂，发儒街刘家祠堂，文庙西侧容家祠堂，西车站陈家、任家、何家、牛家祠堂，石鼓村何家祠堂。祠堂为祭祖的圣地，享堂是全族人祭祀的地方，寝堂则供奉着祖先的牌位，雕花的门窗写尽了家族曾经的显赫富贵，工艺精湛的柱础彰显着大户人家的尊贵地位。

我们的祖先是如此用心、如此精致地把他们的价值观、审美情趣渗透到生活的方方面面，一砖一瓦中。古会馆、古寺庙、古宗祠是祖先给我们留下的一份弥足珍贵、不断升值的遗产。

会泽古城传统的风貌街区，一个整齐的长方形，街道布局依然保持着明清时代的外观风貌。自古至今，以十字街为中心，向四周延伸的东西直街和南北直街一直是主要的商业区。头道巷、二道巷、丰乐街，是显赫一时的“富人区”，豪商富贾，比屋而居，达官显贵，连墙而集，恍惚中，你会看到居住在这深宅高院里人们迎来送往、寒暄作揖；达官贵人们觥筹交错。

铜匠街、豆芽街、鲁机村，当时的“贫民窟”，寻常百姓家，虽然住房低矮、嘈杂、拥挤，但也其乐融融。人们相聚在一块，拉拉琴弦，吊吊嗓子，在苦涩的日子里获得一丝满足和慰藉。

街上人流不断，居民、过客，南腔北调、南来北往的人。相比于大多数寂寂无声的街巷，会泽老街充满了商业活力。两公里长的东西直街，虽然看上去有些颓败、萧瑟，但却更凸显出它的古朴与厚重。

会泽古城民居分布广泛，风格各异，装饰精美，古朴厚重。囊括了天南海北所有类型，有人说它

江西会馆门楼

是汉彝民居建筑文化交融的大观园，其独具魅力的建筑特色和厚重的历史文化底蕴，诠释着中国古老的铜商文明和历史沧桑。

会泽古城地势南高北低，与地理标示上北下南刚好相反，所以会泽的庙宇、民房以居南向北为正向，把主体建筑布置在同一条中轴线上，形成“步步高升”的景象。

会泽民居建筑大都是土墙灰瓦或青砖灰瓦，并不单调，每间房子功能有别、大小不同、高低错落，七弯八拐的巷子连缀着星罗棋布的古民居，依高就低，顺势而建，邻里相接，房与街齐，由近及远，呼应顾盼。平面布局极富变化古老的房舍，飘逸着一种古韵。

如果你有时间，那就请你踏着青青的石板小路，静静地穿过几条小巷，再走进几户人家，便可从那些保存下来的老墙、门洞、古树依稀看见原住居民的生活状态，当一种久违的市民化生活的场景浮现在你的眼前，满足你怀旧念旧的文化情结，回复到“家”的经典诠释中时，你或许能够感受到汉彝民居建筑文化交融的韵味。

会泽的“一颗印”颇具代表性。前有厅房，后有上房，两侧有厦房。“一颗印”式民居是由汉、彝先民共同创造的，布局如同一枚印章，自成一体，是一种封闭式民居。

“四水归堂”是会泽四合院民居的典型代表。正房与厦房大小高低富于变化，屋面连接处构成凹槽，下雨时，雨水顺槽流下，注入院中渗井，或从檐下小沟排出，故称为“四水归堂”。房屋布局以天井为中心，由正房、厢房和对厅四面合围而成，布置方正，对称成“口”字形，像人俯身视地，呈两手向前虚抱之势。院落的各方房屋连接紧密，主次分明，上下呼应，左右相辅，堂堂正正。经商之道，讲究以聚财为本，造就天井，使天降的雨露与财气，源源不断地流入自己的家中。天降雨露，四水归堂，财禄相聚，源源流长。在“四水归堂”的基础上，会泽四合院进一步发展成为二进重堂式和四合五天井，其平面结构多为一个“日”字或“昌”字，含有“日丽中天，光耀门庭”，“福泽子孙，万世其昌”的文化隐喻。四合院是方的，而超出屋脊的墙是圆的，寓意着传统文化的“天圆地方”。这些建筑式样，为民居文化作了恰当的注脚。

“四合五天井”则是以正房和中间的天井为中心，向四周扩展，周围四个角上的漏角天井与院落中心的主天井形成“星拱北辰”的主从关系，结构严谨，分合有序。

会泽合院以土墙瓦顶的木结构合院为主，布局严谨，坐南朝北，左右对称，尊卑有序。正房多为长辈住，厢房多为晚辈住。大家族则修建二进、三进院落甚至更大的院群，院落之间多用垂花门分隔。多才的建造者不甘被埋没，民居建筑大多装饰精美，进门通常建有砖雕照壁，檐下梁枋有木雕雀替，柱础、门柱、石鼓多用石雕装饰，而且绝不雷同。院内栽花植树，种植金桂银桂，象征金玉满堂，追求人与自然和谐相处。结构方整，安谧亮堂。正房前的品字门，平时从两道侧门进出，逢重大事件或重大人物造访，中门大开，迎来送往。

在主天井房屋四面楼层设置走道，安上栏杆，上楼后，可以从过道绕行一周，进出任意一间房间。会泽人称之为“走马串阁楼”，二进院、三进院的房屋亦多为这种形式。

在会泽民居建筑中，最为独特的是“猫拱墙”和“猫洞”，这是会泽特有的文化建筑元素。

在彝族文化中，虎被认为是保护神和祖先崇拜的图腾。会泽彝家住宅的门楣上，常会画有或者挂着虎形吞口镇邪避凶。而猫虎同科，外形相似，故会泽人即仿狸猫拱腰造墙，俗称“猫拱墙”，不仅造型美观，线条流畅，浑朴古圆，且高出屋面，酷似两山从左右两端护卫居家安全。“猫拱墙”可防风防火，故会泽人又称之风火墙。

会泽古城

“猫洞”则是在瓦屋面预留孔，用板瓦盖蓬，让猫自由出入捕鼠，以安家宅，镇邪护院。同时又是房屋室内采光通风孔，可以保持屋内清新干燥。加上过去沿街设置的装水的大石缸，成为一套古老的消防设施。一扇老旧的窗户，刻满了诸多故事，工艺之考究，令人咋舌；逶迤起伏的猫拱墙，粘贴着文化图腾而不失科学美观。

穿街引巷，曲折回环，满目沧桑，这里是历史名副其实的缩影。会泽古城，民居散落其间。不仅规模宏大，且布局精巧，保存完整。鳞次栉比的明清大院回荡着悠悠古韵，如一幅年份久远、业已泛黄的油画，一部经年风化不忍翻阅的老书。

如今，人们依旧在冬暖夏凉、人情煦暖的老屋里，闲云流水般与世无争地起居，顽强地以传统的方式和习俗繁衍生息，尽管难以杜绝游人的脚步，阻止岁月对木雕窗棂的侵蚀和覆盖。

漫步在一个个落满历史遗痕的高墙大院，触摸那斑斑锈迹的木门铁环，不由自主的你，便融入了岁月的长河之中。解读一座明清民居大院，就是品读一段会泽历史。

宗祠、会馆、寺庙、住宅等建筑，是下了工夫建造的。每座建筑都形制规整，布局巧妙，空间丰富，大气雅致，木雕石雕技艺精湛，书法绘画美仑美奂，匾额楹联繁多粲然。遍布会泽古建筑群，是铜运繁荣的缩影和见证，它像一部厚重的中国近代史，记载了一个铜运时代的兴亡。

今天的会泽县城，形成了泾渭分明的两部分，二环路以上是依然沧桑着的古城，以下是不断崛起的新城。古道小巷与宽阔的大道交织，粉墙黛瓦和别墅洋房相映，一边散发着古老的气息，一边舞动着现代的探戈……

（二）中国历史文化名村：娜姑白雾村

娜姑，神奇地崛起于雄浑的乌蒙山中，地处两省三县一区的地理节点，西缘小江和金沙江，小江峡谷是著名的泥石流区。娜姑原为彝语“纳姑”，纳为黑，姑为原野，即黑色的原野，在彝族人心目中娜姑是黑色富饶的宝地。

西汉建元六年（前135），置堂琅县，娜姑为僰人住地，堂琅县辖地，司马相如在这里开辟“西南夷道"[①]驿站[②]，娜姑从此进入了华夏的历史舞台，唐宋为东爨统治下的鹿卢部落，元、明、清初为禄氏东川府辖地，设娜姑营。清康熙三十八年（1699）春，禄氏献土归流，改设四乡八里[③]，娜姑为崇礼乡。民国时期，会泽置25个乡镇，娜姑为白雾镇和则补乡。中华人民共和国成立之初设娜姑区，1987年，改娜姑区为娜姑镇。可见，娜姑的开发已有2500多年的历史，历史的悠久是建立在时间的长度上的，

---

①（西南夷道）汉武帝在秦朝"五尺道"的基础上，对通往云贵高原的道路进行了大规模的开发和修建，开辟了西南夷道。《汉书·食货志下》载："唐蒙、司马相如始开西南夷，凿山通道千余里。"汉将唐蒙奉命修路苦心经营了十几年后，进入夜郎国的道路终于开通，这条路就是南夷道。之后，汉武帝任命司马相如为中郎将，打通了成都到邛都（今西昌市）的道路"零关道"。公元前109年，开通了博南山道（今云南永平、保山之间）。《乾隆东川府志》方志文"西汉南夷属地，四川松茂一带曰西夷，滇及云南曰南夷。"最终，在汉武帝时期形成以"五尺道"为基础包括南夷道、西夷道、博南山道的"西南夷道"。扩宽扩长了秦"五尺道"，改变了"栈道"的历史，加快了西南夷地区的发展。

②（驿站）在修筑南夷道时，汉朝还在沿途设置了邮亭和传舍。邮亭是汉朝由内地往边地传递官书使者的住所，类似后来的驿馆。传舍即客栈，是专为行人提供传马、传车及住宿的处所，兼有交通站及食宿站的功能。十里一亭，一般都只在人口较为密集而且重要的交通点上设置。

③（四乡八里）雍正五年（1727），鄂尔泰平定乌蒙法戛伙目禄天佑之乱，在东川废六营长、九伙目而置四乡八里，彝族地名全部废止不用，改名称为：敦仁乡、尚德乡、崇礼乡、集义乡、忠顺里、清宁里、宁靖里、丰乐里、输诚里、归治里、善长里、向化里。从所改的四乡八里地名中可以以看出浓厚的教化意味，儒家文化的忠孝礼义仁智信几乎全被囊括。"崇礼尚德以立教"，统治者希望当地百姓崇尚礼教。

皇皇的历史篇章一页页悄然翻过。

与娜姑有着同样年龄、历史上很长时期都是娜姑政治、经济、文化中心的白雾村，垦农田、劝农耕、开山路、筑城墙、凿水洞、建寺观、办教育之风尤为盛行。“万里京运第一站”的白雾村，因铜而盛，因铜而衰，盛衰兴败，演绎了千年的沧海桑田，雕刻了历史与文化厚重的印记，却一直保持着亘古未变的质感和神韵。

1995 年，娜姑镇被云南省人民政府命名为云南历史文化名镇。

2005 年，白雾村被公布为中国历史文化名村。

来到白雾，在蓝天白云下，沐浴了千年风雨的小村怡然和谐，虽几经修缮，但明清建筑的余影和气息尚在，虽物是人非，但村里的一砖一瓦，依然诉说着百听不厌的沧桑故事。

历史上白雾村，从来都是铜运的必经之地，娜姑白雾作为各矿区后勤供给地和陆运京铜的起点干线，形成南铜北运的第一大站，是清王朝铸币铜料的主要供给基地，人们赋予它“万里京运第一站”的历史美称。

昔日“万里京运第一站”的娜姑热闹非凡，

客栈、酒楼、妓院、赌馆、粮行、油行、糖行、轿行、丝绸铺、银器铺、马鞍铺、铃铛铺、典当铺应有尽有，文官武将、富商大贾、贩夫走卒、矿工匠人不绝于道。各省前来押运、采购铜料的要员商贾常驻于此，设立商号150多家，建盖会馆、祠堂、庙宇20余座，古建筑依次坐北向南排列。保存完好的古老民居鳞次栉比，马店、驿站、各类店铺遍布街道，俨然一个小东川府。

如今，白雾村一处处名胜，一处处古迹无不向世人昭示着她深厚的历史文化底蕴和丰盈的精神文化内涵。

今天残存的城堡遗址，见证着白雾如烟的繁华。始建于1860年的白雾街城堡，历时3年完工，层层设防，垒建工整。城堡围白雾村主街而筑，呈长方形，东墙长317米，南墙长350米，西墙长273米，北墙长300米，面积95875平方米，占地138亩。城墙高5.8米，厚3米。内外墙用石块垒砌，中间填土夯实。东面据得胜桥设卡，南面依城墙置栅子，西、北两面筑卷拱形城门。城墙四面设炮台8座。

“有备则制人，无备则制于人。”建成依山

蜿蜒，巍然耸立的城堡，在当时的确起到了保境防匪、护商佑民的作用。

1862年，石达开部在娜姑镇与清军鏖战，将领卓天侯、鲁启高阵亡，清军撤走，进驻云峰，滞留二月有余，并未攻克白雾街城堡，其坚固可见一斑。

白雾村的主要街道，是东西走向的一条直街，整条街长356米，宽五、六米，由石板铺就而成。铜运古道穿街而过，依然沧桑着的石板，仿佛还在回响着马蹄声声。两旁的店铺门面依然保持着原有风貌，给人一种古朴幽幽的感觉，只是铺面的主人换了一茬又一茬，比从前的人们光鲜了许多。街两旁清泉流过，颇有一些小桥流水人家的韵味，四围诸峰，林木参差，村后寿星山，如仙猿在卧。四时游览，俯瞰村前千顷良田，或绿浪翻滚、或稻花飘香、或蛙声十里、或黄如金毯，溪流鸟鸣，蓝天白云，娱目骋怀，忘却尘世的喧嚣，觅得一份轻松惬意。

天主教堂，上帝的圣殿，主的住所。

在一百多年前的1883年，一位意大利传教士带着西方精神世界的辎重，跨越万水千山、千山万水，来到娜姑，在白雾出资修建了教堂，把天主教的诸神接引到了这里，把圣经里的圣谕、神示之音播撒在这里。

相传，圣若瑟是耶稣的父亲，天主教堂又称圣若瑟堂。娜姑圣若瑟堂占地1025平方米。教堂临街，由门楼、东西厢房、教堂及女修道院房组成，曾经，教堂内设有女修道院，开设有西医诊所。教堂的顶端，直刺苍穹的尖顶，挺拔向上的动势，造成一种向上升华、天国神秘的幻觉，产生与教堂一起升腾的奇妙感觉，呈现出“天源咫尺、主宰众生”的宗教思想。

今天，教堂依然是信徒们心灵的净化之地。只要有空，忏悔祈祷必不可少，听经做弥撒必不可少。在这里，洗去尘世给人们带来的烦恼，沉浸在天堂的美好胜景里。

三圣宫又称文庙，文庙临街而建，坐北朝南，占地5.3亩，建筑面积1550平方米。1819年，由云南布政使司、东川府捐资修建。庙内正梁上书有“大清国云南布政使司东川府正堂大清嘉庆二十四年仲秋”的墨宝为证。

文庙，本来是供奉孔子的地方，一方行政区域的必须建筑，读书人的精神家园，学子就读之所。在这里，文圣武神却集中在一起，与众不同。大殿塑有孔圣、关圣、文昌雕像，文昌背后上方神龛内还塑有相传制造汉字的仓颉。

三圣宫临街，沿中轴线依次建有照壁、门楼、小山门、牌坊、魁楼、大殿、东西配殿及东西厢房等，共三进三院大小 7 个天井。层层叠架，重瓴飞檐，如雄鹰翱翔。翘檐雕龙绘凤，绘花饰锦，细致精美，整个建筑群布局严谨，错落有致，地道的清代中期的传统建筑风格。各式建筑依地势高低逐级而上，整体规划浑然天成。仰视的视觉效果，造成一种强烈的敬畏、崇尚进而顶礼膜拜的心理暗示。

三圣宫堪称是一座集雕刻、历史、文化的一座博物馆。魁星阁的雕刻最受人们称道，魁星阁为重檐歇山顶抬梁木结构楼阁式建筑，柱网平面呈正方形，下层面阔三间，前檐出廊，明间前后置雕花六抹头槅子门，为出进通道，左右次间用琴板装隔，室内井字天花，上面彩绘二十四孝图，雕刻精细，图案别致典雅。在三圣宫还有嘉庆二十四年（1819）通知，二十五年（1820）告示、《三圣宫晓谕碑》等诸多碑刻。道光年间制作的墨石香炉、石狮石雕保存完好，其间蕴藏着大量的历史文化信息。

白雾村文庙以显赫的位置、宏大的规模昭示儒学在娜姑的兴盛。在文庙建成的百年时间里，曾出现了“一街三进士，全村六贡生”的科举辉煌。

至今，村里人家的高考生，有的还考上清华、北大等全国最为著名的重点大学。

青楼，豪华精致的雅舍，豪门高户的代称。宋、元以后，“青楼”特指烟花之地。白雾街青楼，建于清乾隆初期，占地面积932.6平方米。门楼临街，高达三层，沿小巷进入，为东西两跨院，全封闭式管理。青楼一直营运到光绪八年（1882）。后被乡绅陈丕昌买下居住，更名望海楼。土改时被没收，曾用作仓库。

白雾街青楼，铜运时代的产物，丝弦声色之地。在这里，定然上演过商人重利轻别离的爱情故事，弹奏过《琵琶行》那凄婉的曲调。今天，我们也无法用符合那个时代的语言描写出在这里生活的情状，但在雕梁画栋的背后，涌动着的大都是不可遏止的欲望。时光转瞬即逝，也流逝了许多鲜为人知的故事。

戏楼，又叫戏台，中国传统的演艺场所。

在白雾村的中西部，有一古戏楼，格外引人注目。戏台前为一露天广场，可容纳观众 2000 余人。戏台建于 1895 年，当地名匠郭景堂，时人称郭大木匠设计建造。

戏台，能工巧匠展现聪明才智的精湛建构。

白雾街古戏楼，坐南朝北，建筑面积 154 平方米，面阔三间 14 米，进深 11 米，单檐歇山顶，四翼起翘，上为戏台，下为铺面。

那空旷着的古戏台似乎还演绎着那古老的脸谱，无言诉说着当年风光占尽的场上人生。

漫游在白雾村大街小巷，一幢幢依山而建、平脊飞檐、粉墙青瓦的大大小小的民居，撞入你的眼球，厚重的视觉冲击力，让你目不暇接。在白雾村，无论豪门大院，还是普通民居，大多是封闭天井式格局，外墙不用窗，内敛聚财；外面灰瓦土墙，内部门窗极尽其繁，外俭内繁的风格，昭示着财不外露。同样，娜姑的民居也坚持了本地建筑的文化元素，猫拱墙逶迤起伏，猫洞排列屋面。粘贴着民族的图腾，既可防火，又便于采光，设计美观，而不失科学。

陈氏民居一号院建于 1945 年，原白雾镇民团团长陈炳的私宅。典型“四合五天井”和“走马串阁楼”建筑形式。

陈氏民居占地1171平方米，为二进二院落，内院为一颗印式四合五天井建筑，内院建筑从外观上看为一底一楼，其实是一底二楼、楼前檐设回廊串通。院中为正方形天井，全用打制规整的六面石板按双喜图案铺就而成。四面屋顶院内前檐均坡向天井，将雨水“四水归一”，以示“肥水不流外人田”，四面廊柱置鼓形、瓜形、宫灯形墨玉柱石10个，造型别致，打磨精细，楼上四面八方都可以走通，称为“走马串阁楼”。

外院天井呈长方形，在大院的照壁、门楼和后围墙上，设有很多高低不一的射击孔，护院的家丁可以方便地向外射击。在外面砌砖，中间用土基或用土筑墙，俗称“金包银”，呈现出的是牢固和美观。

陈氏民居二号院与一号院结构样式，占地面积大致相同，只是更显古朴沧桑。陈氏民居充分体现了娜姑民居的特点。

刘家大院，会泽绅士刘善初白雾公馆。始建于1877年，建筑面积481平方米，一进院汉式建筑，门楼三间，正房三间，东西厢房各三间，穿斗式硬山顶，土木结构，青瓦土墙，刘家大院造型简朴，用料厚实，美观大方，有重量感。

养济院，又称体仁院，供贫困年老者栖息，俗称“老人房”。

养济院位于白雾街东北角，建于1855年，乡绅陈运泰兄弟等人捐资修造。其后，相继购田产143亩。养济院坐北向南，占地410平方米，有正房3间，厢房2间。单檐歇山顶，青瓦覆盖屋面，置有田产、仓廪，收租赈济，凡鳏、寡、孤、独贫苦无依者，都可以向养济院请求，一经同意，就挂号注册，每月凭牌领粮，农历每年二月初二发放，生老病死后交牌注销。娜姑坝子、小江河谷，甚至巧家县的黑麓山贫困人口都受到了赈济。

娜姑白雾村

养济院，孤寡老人的寄托、终老之地，封建社会保障的创新之举。养济院的三间正房至今保存完整。

白雾民居，结构精美，雕刻精湛，一砖一木，一墙一壁，一窗一门，镶满了艺术，发出深深的文化气息。白雾村民居，汉文化扎根在娜姑的心灵寓所。

在白雾村这样一个边远村落，现在还保留着5个同乡会馆和2个同业会馆。沿着白雾街，从西往东行走，就能看到通海会馆、云南会馆、贵州会馆、湖广会馆和江西会馆。人们简称为“五馆”。其中以湖广会馆、江西会馆和通海会馆最为著名。

在白雾，佛道同茂，多神共处，宫殿庙馆，香烟渺渺，暮鼓晨钟，青灯黄卷，开坛弘法；孔庙文昌，培文风显文明；“圣谕宣讲”“戏台看戏”“祭龙求雨”，如期举行。

古时的白雾，热闹是天天有的。今天的白雾，古人的身影仿佛从身边飘过，管弦丝竹发出的音符又流进了人们的心田。白雾，佛家的颂经地，道家的修炼场，儒家的讲学堂，平民的娱乐地。

白雾，心灵的驿站，文化的港湾，画板外的素描、摄影家的天堂。

六、现代风貌

（一）脱贫攻坚先进县

会泽人对饥荒和贫困有着深刻的记忆和感受，《会泽县志》记载，会泽重大的灾荒历史上发生过7次。

清咸丰八年（1858），庄稼歉收，饥荒严重，瘟疫流行，死万余人；清同治元年（1862），岁大荒，饥民食草根树皮；清同治十年（1871），是岁大饥，粮价骤涨；民国时期，会泽有记载发生大灾大荒就有3次。其中，1919年，是年大灾，“饿殍载道，哀鸿遍野，死亡无数。”唐继尧从越南购进大米100石赈济会泽。

“国运清明，民无饥馑，谓之小康。”追溯“小康”一词，最早出自中国古代典籍《礼记》。国家比较安宁清明，百姓丰衣足食是人们对理想社会千年的向往，“小康”成为众多仁人志士寻求社会变革的奋斗目标。

中华人民共和国成立后，消除饥荒、摆脱贫困，实现“有饭吃，有衣穿、有房住、有学上、有病治”成了历届会泽县委、县政府工作的重中之重。

1950年，夏旱、秋涝，受灾面积26万亩，4万人缺粮，县政府拨粮27.5万斤，银币1.2万元救济灾民。1960年，公共食堂普遍实行“掺粗食饱、节约用粮和低标准、瓜菜代”。

党的十一届三中全会以来，会泽实施“教育、科技、卫生、计生”四大扶贫。素质教育，力求阻断贫困代际传递，职业教育使贫困农民搭上致富快通车，科技扶贫成为致富的助推器；卫生扶贫，从“缺医少药”到“病有所医”，使越来越多的人摆脱了“因病致贫”和“因病返贫”的困境；计生扶贫，上万户计划生育贫困户得到帮扶并因此摆脱贫困；整乡推进扶贫，以贫困乡为基本单元，集中投入、综合开发，在云南省率先探索出一条贫困人口整体脱贫的现实路径，为新时期全国的扶贫开发工作提供了新视野、新思路和新模式，成为全国脱贫攻坚先进县。至2016年，全县实现国内生产总值169.3亿元，财政总收入增至

39.6亿元，城镇常住居民人均可支配收入26723元，农村常住居民人均可支配收入8603元。

【六大工程】1978年，会泽县人均只有纯收入48元，人均有粮242斤。1986年会泽被列为全省41个贫困县之一，1996年4月，会泽县召开了脱贫攻坚誓师大会，“万众一心拼命干，扶贫攻坚争第一。”大干“六大工程”，即“光明工程、通达工程、通信工程、希望工程、温饱工程、绿色工程”。

【素质教育：阻断贫困代际传递】中华人民共和国成立后，会泽大力发展教育事业，各地大办耕读小学和附设初中班。1978年以后，全面扩大办学规模，基本上达到了“一村一校”。1990年，完成普及初等教育任务。1991年，全县开始实施“普六”和“扫除青壮年文盲”工作，通过6年的艰苦努力，于1996年全县实现了“普六”验收。1998年6月，会泽被列为“国家贫困地区义务教育先进县”。2000年，全县实现“普九”；在实施两基工作中，全县累计投资2.6亿元，超过了建国后学校建设投入的总和，新建改建扩建中小学596所，实现了广大农村最好的房子是学校，最美的环境是校园的愿望，探索出了作为国家级贫困县如何实施“两基”的成功之路，在实施义务教育，改善办学条件过程中，单位和个人捐资兴建希望小学45所，筹集教育奖励基金和贫困生救助基金共1370万元，基金总额为全省之首。

2016年，全县共有各级各类学校488所，在校学生16.3万人。小学入学率99.9%，初中入学率99.6%。教育教学质量逐年提升。2008年以来，共有109名学生被北大、清华录取，高考本科上线率达90%，在全省县城高中会泽排第一，探索出一条行之有效的科技兴县之路，贫困县办出“大教育”。

【职业教育：农民搭上致富快通车】2009年4月概算总投资2.8亿元职业技术学校新建工程启动，全县开展劳动力转移培训10120人次，开展贫困农民实用技术培训20万人次，实施“雨露计划”2500人，外出务工人员稳定在27万人次以上，年创收近30亿元。会泽县全民教育和职业技术教育，提高劳动力整体素质，达到“培训一人、输出一人、脱贫一户”的效果，使贫困农民搭上了致富的快通车。

【科技扶贫：致富的助推器】会泽县 1996 年进入“全省科技工作先进县”行列，1997 年被国家科技部评为“全国科技工作先进县”。2001 年 4 月 14 日全国科普示范县创建顺利通过国家验收。至 2016 年，全县共有多项科技成果获省市县表彰奖励，有科技人员上万人。科技对经济的社会发展贡献率达 50%，促进了全县经济社会的全面发展，科技成为脱贫致富的助推器。

【卫生扶贫：“病有所医”】在中华人民共和国成立前，会泽缺医少药，看病难是普遍现象，看不上病是常有的事。医院往往设在破旧、低矮的老式建筑里。20 世纪 60–70 年代，赤脚医生成为“主力军”，群众就医大多靠个人诊所，靠的是“望闻问切”，“八五”启动实施县、乡、村初级卫生保健，全面开展农村卫生工作，受益人口 76 万人。“九五”期间，卫生扶贫纳入政府的“四大扶贫工程”之一，突出抓好农村卫生、预防保健、发展中医药三大战略，基本上满足了全县人民的卫生需求。2003 年，全国新型农村合作医疗在会泽县试点，减轻了农民的疾病经济负担，使越来越多的人摆脱了“因病致贫”和“因病返贫”

的困境。

近年来，先后实施了会泽县中医院标准化建设工程，县人民医院合并搬迁新建工程，社区卫生服务中心、乡镇卫生院遍布城乡，人均期望寿命由新中国成立前的35岁上升到74岁。70年来，无论是医疗环境还是治疗手段都发生了跨越性的变革。

【“整乡推进”扶贫】积极争取乌蒙山片区区域发展与扶贫攻坚项目，2007年，会泽县在全省首家推行“整乡推进”扶贫模式，先后实施了五星、待补、大桥、大海、大井、者海6个乡（镇）的“整乡推进”扶贫开发，顺利实施了推进异地搬迁、安居工程、以工代赈、整村推进等扶贫项目。在扶贫开发中着力强化精准扶贫，不搞“大水漫灌”，精确配置帮扶资源，把扶贫项目、资金、措施、力量瞄准特定人口、具体人口，实施“滴灌”式精准扶贫，各类扶贫开发项目让50多万群众得到实惠。

2008年3月27～28日，云南省扶贫开发工作现场会暨扶贫表彰会议在会泽召开；2008年10月28～30日，国务院扶贫办举办的全国第二期扶贫开发理论与实践专题研讨班在会泽举办；2015 年 6 月，全省规模最大、规格最高的扶贫开发工作会议在会泽召开。会泽以贫困乡为基本单元，集中投入、综合开发，在全省率先探索出一条贫困人口整体脱贫的现实路径，会泽县“整乡推进”的做法，被誉为“会泽经验、曲靖模式”在全省推广。人民日报以《“整乡推进”引领扶贫新路》《乌蒙磅礴党旗红》为题刊出了会泽扶贫工作和党建工作。

【交通：人背马驮到便捷繁忙】会泽的公路建设，1932 年动工修建了嵩昭公路驾车小钢厂至会泽县城 106.90 千米路段。1950 年初，全县没有一条弹石路或柏油路，绝大部分乡（镇）不通公路，运输全靠人背马驮。1996 年，全县大干道路交通

渝昆高速公路会泽毛家村水库段

工程，当年修通的乡村公路里程就超过了建国 46 年的修路里程之和。2000 年以来，实现了通乡油路（弹石路）化，全部村民小组通公路。2015 年，G85 渝昆高速公路全面建成通车，会泽境内高速公路里程 189 千米。

1950 年，全县公路总里程仅有 293.76 千米。经过 60 多年的发展，增至 2016 年的 6720 千米。城乡交通实现了由五尺道、人背马驮行路难，到高速公路便捷繁忙的千年变迁。公交车、乡村小客车逐渐兴起，私家车拥有量剧增。呈现出交通便捷，运输繁忙的景象。

【邮政通信：从奢侈品到大众化】20 世纪 60 年代以前的通信工具主要还是书信、电报，七、八十年代，电报、电话仍然是奢侈品，1992 年，全县使用不足 1000 门的“摇把子”磁石电话，每 200 人拥有电话不到 1 部。90 年代中后期，电话开始走进了寻常百姓家。BP 机、大哥大、互联网也快速进入了人们的生活。全县邮电事业走上了跨越式发展、跳跃式推进的快车道，成为全县发展最快的行业之一，24 个乡镇 368 个村办全部开通程控电话，从“摇把子”电话、电报、寻呼机到“大哥大”的全身而退。互联网将“天涯”变成“比邻”。通信工具和方式的变迁，见证了生活日新月异的变迁。

【广播电视村村通】先后经过中波台建设和中波补点台、乡村广播建设，到2000年，全县广播覆盖率达到91%。通过实施“211”工程、“311”工程、“村村通”工程建设，2000年，全县有713座地面卫星接收站，电视覆盖率达到92%。1994年，启动县城有线电视建设，2000年，建成了具有多种传播手段的高层次、多渠道、多功能的广播，电视传输覆盖网络。2014年，实现了“广播电视村村通”。

【财政收入：从73万元到39.65亿元】1950年，全县财政收入73万元；1977年，865万元；1991年，会泽县政府与省、地财政部门签订了财政收入上亿元的目标协议，明确会泽的财政收入要由1990年的5428万元，增加到1995年的1亿元，立项批准了烟厂技改、彩印厂技改、新建上村、错初电站4个财源建设项目，达到预期效果，1996年，会泽被云南省政府授予会泽“八五财政减补创亿”先进县。1995年，实施乡（镇）财政

“1351”财源建设工程，扶持、发展生产，培植财源，财政收入超亿元。2016年地方政总收入从2000年的1.59亿元增至39.65亿元。

2016年，会泽县把脱贫攻坚的目标、任务、责任全部细化到部门、到乡、到村、到人，建立包保责任制，立下军令状。全县211支驻村工作队，2.49万名干部开展“挂包帮”“转走访”活动。投入资金31.48亿元，在基础设施、易地扶贫搬迁、危房改造、产业帮扶、金融扶持、教育、卫生扶贫等举措上下功夫，完成4284户集中安置，8341户插花安置，7697户房屋维修加固，146千米村庄道路硬化等项目建设。在全省率先探索“农户贷款+入股分红+就地打工”的产业扶贫模式，者海、纸厂2乡镇，34个贫困村和6.75万贫困人口达到脱贫出列标准。

（二）高原农业特色县

会泽的农业，经历了土地改革、农业合作化、农业学大寨、家庭联产承包责任制等运动和政策的调整和改革。会泽先后被评为全国生猪调出大县、秸秆养畜十佳示范县、无公害农产品标志推广与监管示范县，中国辣椒之乡、中国核桃之乡，中国辣椒第一镇——乐业镇。坚持既要金山银山、更要绿水青山的理念，深入推进生态治理、森林资源保护、林业产业培育、农村能源建设、城乡绿化等生态建设工程，加快“森林会泽”建设，着力打造“高原生态魅力县”。林业，实现了由生态恶化贫困大县、全国造林先进县、高原生态魅力县的蝶变。

【土地改革】1952 年至 1953 年，会泽实施土地改革，全县 7.43 万户，人均分得 2.81 亩土地。真正实行了“耕者有其田”的农民土地所有制，消灭了几千年来的封建剥削土地所有制。

【农业合作化】1953 开展了对农业、手工业和资本主义工商业的社会主义改造。至 1956 年，在全县建立高级农业合作社 436 个，基本完成农业合作化。社会主义改造基本结束，全县社会经济结构发生深刻变化，标志着社会主义制度在会泽基本建立。

【农业学大寨】1966 年至 1976 年，持续开展了农业学大寨运动，大寨人自力更生、艰苦奋斗的精神和“热爱集体、热爱国家”的风格在发展农业生产，改变会泽农村落后面貌中得到了充分体现。

【家庭联产承包责任制】1981 年全面推行家庭联产承包责任制。在 4069 个生产队中有 1133 个生产队实行了家庭联产承包责任制，1984 年，开展了专业户、重点户、经济联合体的扶持发展工作。建立统分结合的双层经营体制，农业产业化步伐加快。

【水资源利用率达 24.4%】1958 年 10 月，全县组织了 7.8 万人水利大军，新修、整修各种水利工程 7571 件。先后建成跃进、长海子、花鱼洞、箐口塘等 12 个中小型水库，这些水库今天仍然是全县人民的饮用水源。建成了金钟大沟、撒依大沟、幸福渠、回龙堰、人民堰以及数十万个水窖水池。值得一提的是 1957 年至 1958 年，勇敢的会泽人民，在雨碌乡小米河陡峭的悬崖上，开山凿渠，开凿土石方 29.4 万方，修通了长达 27 公里的幸福渠，灌溉土地数千亩。

2000 年以来，建设了跃进水库南干渠五星万亩灌区工程的饮水管道工程，田源水库工程，县城防洪工程，苏斗河水库工程，乐业马厂水库工程，迤北水库工程，城乡居民供水网络。2007 年至 2009 年，先后实施了五星乡万亩中低产田地改造工程，待补镇野马村土地开发复垦整理等多个项目，使昔日的冷浸地变成了高产田。如今，旱能灌、涝能排的三面光沟渠已遍布全县。1950 年至 2015 年，水利建设总投资 24.2 亿元，投入劳动工日 9830 余万个，建成大中小型水库 26 座，各类水利工程 14.6 万件，形成了庞大的引、排、浇、灌、供、蓄水利网络，农业基础设施得到逐步加强，昔日的冷浸地变成了高产田，“三跑地”变成“三宝地”；农业生产方式由广种薄收到精耕细作，生产工具实现了由水牛到铁牛，从打谷机到收割机的转变，促进了农民增收，农业增产。

【向科技型农业迈进】1950 年至 1990 年，会泽的农业经历了由刀耕火种、广种薄收，精耕细作、高产稳产的发展历程。1991 年 3 月，苹果、石榴、柑桔 3 个万亩基地建设获云南省基地建设二等奖。大力推广良种良法，大力开发“名、特、优、稀”水果产业，广泛推广农机技术、地膜覆盖等技术。在水稻条栽，玉米单株湿直播，肉牛羊饲养，冬早蔬菜种植及两江开发等方面大力推广科技设施。

【创建高原特色农业基地和示范县】进入21世纪，坚持以创建全省高原特色农业基地县和示范县为目标，紧紧围绕全县粮食、畜牧、渔业、核桃、蔬菜、水果、花卉、中药材等特色优势产业，按照农业产业特色化、特色产业庄园化、庄园经济品牌化、品牌经济市场化的思路，以绿色生态为品牌，突出基地、园区、企业、市场建设4个重点，重点培育扶持发展畜牧、马铃薯、蔬菜、核桃4个主导产业，水果、水产、中药材、花卉4个特色产业和玉米、水稻、麦类、杂粮4个传统产业，打造农业产业丰富多样、生态环保、安全优质、四季飘香4张名片。2010年10月，正式引进云南省耐晚霜核桃良种繁育基地建设项目，西南最大耐晚霜核桃良种繁育基地落户会泽。2013年，会泽县被列为全省10个高原特色精品农业标准化综合示范县之一。

会泽渔业的发展一直缓慢，仅少量的池塘养殖四大家鱼，2000年以来，品种得到进一步优化，由人放天养过渡到池塘精养。建成全国最大的虹鳟鱼养殖基地，产量占全国三成。2003年5月22日，云南会泽佳建水产实业有限责任公司挂牌成立，会泽第一家中外合资水产养殖公司，全市39家之一，会泽唯一一家具备进出口权的企业。2011年8月，云南阿穆尔鲟鱼集团计划投资2亿元在上村乡建设445亩鲟鳇鱼集约化标准流水养殖基地。项目建成投产后，成为国内最大、国际领先的鱼子酱出口基地以及西南地区最大的鲟鳇鱼种苗繁育基地。

【畜牧业：撑起农业半边天】1981年，提高养猪育肥率综合技术研究获省政府科技成果三等奖，1996年，会泽被列为“云南省牛羊基地县”。1979年会泽县被列为云南省半细毛羊生产基地县。2000年以来，全县畜牧业总产值占农业总产值的五成以上。

【全国无公害农产品标志推广与监管示范县】2010年11月，会泽县无公害农产品标志与监管示范工作顺利通过验收，被国家农业部授予全国无公害农产品标志推广与监管示范县。

《东川府志·卷三》记载“东川向产五金。乾嘉间，铜厂大旺，有树之家悉伐，以供炉炭。”历史上对林木的过度采伐，导致会泽山川破碎，水土流失严重。经过60多年的发展，森林覆盖率增至2016年的42.3%。

【全国造林先进县】由于大炼钢铁铜等因素对林木的过度采伐，1987年，森林覆盖盖率仅为17.5%，会泽成了云南省生态恶化贫困农业大县。

1984年，四级联营造林试点4.9万亩成功后，全县掀起了大规模的植树造林热潮。1989年，会泽被列为全国“长防林”启动县之一，会泽林业每年以平均16.95万亩的造林速度推进。1991年，省政府授予会泽县“绿化先进县”称号。1993年以工代赈经济林造林项目启动，会泽林业发展开始以建干果经济林基地为出发点，提高经济林在林业中的比重，造林近10万亩，并形成规模。1995年，会泽被列为“中德合作”造林项目。

黑颈鹤的栖息地——大桥

1998年，“天保工程”启动，1999年退耕还林还草工程启动，通过不懈的努力，到2000年，全县累计完成荒山造林187余万亩，封山育林149万亩。跻身于“全国造林先进县”“全国百万亩人工林县”的行列，消灭了宜林荒山。

【高原生态魅力县】2000年以来，先后实施了世界银行贷款农村供水与环境项目，退耕还林还草项目，者海片区重金属污染综合整治工程建设，开展三年城乡绿化攻坚行动，会泽列为全国秸秆养畜十佳示范县，国家饲料专用玉米基地项目县。2009年10月10日，会泽县被国家林业局命名为第一批国家级林业科技示范县，成为云南省获此殊荣的3个县之一，同时也是曲靖市唯一获此殊荣的县。

1950年，全县农业总产值仅有2976万元。经过60多年的发展，增至2016年的39.78亿元。

（三）新型工业强县

中华人民共和国成立后，会泽先后建设了铅锌矿、水电站、卷烟厂，奠定了经济社会发展的坚实基础。

从第一个五年计划开始，会泽的工业经历了

由作坊式到初具规模化，新型工业化的巨变。两烟，从起步到龙头支柱产业；两电，从水电到风电，从自给不足到西电东送；乡镇企业从无到有，异军突起，成为推动会泽经济发展的增长点和新亮点。1952 年，全县工业总产值仅有 625 万元。经过 60 多年的发展，增至 2016 年的 123.25 亿元。

【第一个五年计划】1953–1957 年，是中华人民共和国发展国民经济的第一个五年计划，以发展重工业为主，建立我国社会主义工业化的初步基础。会泽被列入国家“一五”计划 156 个重点建设项目的有云南以礼河发电厂和会泽铅锌矿。1954 年，投资修建以礼河发电厂，4 座梯级电站总装机容量 32.15 万千瓦，建成世界上最大的土坝——毛家村大坝。云南以礼河发电厂，从启动项目建设到并网发电，历时 13 年；1951 年 1 月 5 日，正式成立会泽铅锌矿，2004 年改组为云南驰宏锌锗股份有限公司，2014 年新建 16 万吨铅锌冶炼项目正式投产，2004 年股票上市，更名为云南驰宏锌锗股份有限公司。经过 60 多年的奋斗，成为全国的优秀企业。

【由作坊式到初具规模化】1956 年，会泽各行各业经过一化三改造，走上了公私合营和合作化道路，建立了国有和集体所有制的公有经济，年生产总值仅有 780 万元，实现税金 61 余万元。党的十一届三中全会以后，会泽的工业逐步由过去作坊式小生产发展到初具规模化的商品生产。

2000 年，初步建成了以卷烟为龙头的支柱产业，包括磷化工、建材机械、橡胶制品、彩印、制药、五金、皮革、服装、纸箱等工业体系。2000 年以来，坚持“工业强县”战略，把推进工业转型升级作为转方式、调结构的中心任务，抓项目建设，抓招商引资，先后实施启动了驰宏公司会泽 16 万吨 / 年铅锌冶炼工程，会泽澜沧江磷业有限公司年产 20 万吨热法磷酸技术工程项目，金塬水泥有限公司 90 万吨旋窑水泥等重大项目，项目建设成为拉动会泽经济增长的“火车头”，推动产业升级的“发动机”。

【两烟：从起步到龙头支柱产业】烤烟、卷烟——“两烟”生产一直是会泽经济工作的重中之重。1978 年 12 月，会泽被定为云南省烤烟生产基地县。1984 年“良种化、区域化、规范化”生产，扶持力度加大，科学种烟得到全面普及，

1992年1月，会泽县牛栏江流域、小江流域的娜姑、梨园等地列为云南省香料烟基地；烤烟、卷烟成为全县的龙头支柱产业。1973年10月，成立会泽卷烟合作工厂，1992年更名为会泽卷烟厂，曾创造了全国卷烟单箱产品利润第一的业绩。建于1973年的会泽卷烟厂经过多年的发展，会泽卷烟厂由一个生产雪茄烟的小厂发展成为国有中型企业。2010年11月，红云红河烟草（集团）会泽卷烟厂年产30万箱就地技改项目正式批准实施。项目为曲靖市“三百”重点续建项目，总投资8.6亿元，建设周期两年半，会泽卷烟厂成为全国卷烟生产标兵。

【两电：从水电到风电】据《会泽县志》记载，中华民国二十九年（1940），滇北矿务公司以汽车引擎发电照明，会泽始有电灯。中华人民共和国成立初期，兴建的中国第一座高水头、跨流域开发的梯级水电站，具有“五朵金花”的美誉。沿以礼河筑堤修渠建成的四座梯级电站，在二十世纪七十年代，解决了滇东北及昆明的用电问题。到2000年，建成小水电8座，年供电量1.15亿千瓦小时，解决了乡镇村办21.61万人的用电问题，全县农户通电率和人口通电率均达到98%。

2000以来，项目投资约3亿元、建设规模为3.9万千瓦马路乡龙洞水电站，总投资4.9亿元、每年发电1.2亿千瓦时大海梁子风电工程先后建成。风电由此成为会泽第二大主力电源。人们的生活也由柴草、煤油时代全面进入了电气化时代。

【乡镇企业：异军突起】改革开放前，乡镇企业叫副业，集体创办的乡村合作企业。是以社队企业的形式出现的一些小加工厂、小制品厂。党的十一届三中全会以来，农村集体企业得到了发展。1978年，会泽只有乡镇企业475个，总收入380万元。经过发展培植出上亿元乡（镇）、亿元村（办）、千万元企业、纳税大户等一批骨干乡（镇）、村（办）企业。

（四）文化旅游名县

2002年，会泽编制了旅游业发展规划，举办首届旅游文化节，开启了会泽旅游业发展步伐。14年来，先后投融资3亿元，建设了会泽古城、大海草山、雨碌大地缝、大桥念湖、娜姑镇白雾村、水城扩红文化生态园6个主要景区，开发了玛卡、奇彩土豆、乐业辣椒、会泽斑铜等一批旅游商品，建盖了 180 多家旅游酒店，形成了旅游业持续发展的良好态势。在文化旅游业的带动下，休闲养生、餐饮娱乐、商贸物流等第三产业快速发展。2016 年，接待国内外游客 160 万人次、实现旅游综合收入 15 亿元。

【云南文化产业发展特色县】2005 年，会泽被列为云南省文化产业发展特色县。2006 年 9 月，由财政拨款 50 万元，向社会筹资 50 万元，设立会泽县文化产业发展专项基金，用于贴息、扶持市场前景好，发展潜力大的文化企业和文化项目，基金为文化产业的发展提供了资金支持。

【私人投资兴建云南首个红色文化展览馆】会泽县红色文化展览馆是退役军官张守政、李兴荣共同创建的。该中心是省内第一家由私人创建的红色文化展览中心。共有文物、精品、珍品 10 万余件。展览中心已成为爱国主义教育基地和党风廉政教育基地。

【水城古汉墓被评为云南“十五”十大考古发现】2002 年 5 月 20 日，水城古汉墓勘探面积 18 万平方米，发掘清理古汉墓 18 座，出土文物 388 件（套）；2006 年 6 月 7 日，会泽水城古汉墓被云南省文物局评为云南“十五”十大考古发现。

【“嘉靖通宝”获大世界基尼斯之最】2002年6月18日，会泽县人民政府接到上海大世界基尼斯总部颁发的证书，认定会泽县收藏的嘉靖年间生产的巨型古钱币“嘉靖通宝”为世界基尼斯之最。2002年8月9日，“嘉靖通宝”古钱币由会泽铅锌矿交县人民政府保管。

【新建会泽体育场】2003年9月，投资3000余万元、建成可容纳2万观众的体育活动中心运动场。目前是云南省县级最大的体育场。能容纳3万名观众。配套设施有网球馆、篮球馆和乒乓球馆，是强身健体、开展体育活动的重要场所。

【新建会泽公园】2005年1月1日，总投资

会泽体育场

8000多万元的会泽公园正式开园。会泽公园占地面积204.25亩，绿化面积近6万平方米，公园成为群众文化活动的主阵地，成为播撒欢乐、播种文明的“没有围墙的舞台”。

【“钱王之乡”旅游文化节重磅推介会泽】2003年9月5日，会泽举办“钱王之乡”首届旅游文化节文艺演出，明星荟萃、精彩纷呈，期间还举办了中国古代钱币展、特色农业和名城文化研讨会，“小熊猫”杯摄影大赛等10余项活动；2003年9月8日，第二届主题是“相约钱王之乡、感受神奇会泽”；2004年8月26日，第三届主题是“畅游钱王之乡，品味多彩会泽”；2005年5月确定了第四届“相聚钱王之乡，共享红色乌蒙”主题，由于地震，推迟到2008年9月举行。四届旅游文化节的成功举办，极大提升了会泽的知名度和美誉度。

【会泽被评为全国文物工作先进县】2003年12月16日，会泽县被评为“全国文物工作先进县”，这是国家文物局首次评选，全国共评出30个先进县，云南省仅会泽县获此殊荣。会泽有馆藏文物8300余件，其中国家级文物67件。会泽会馆林立、寺庙众多，名居民宅独具特色，明清时期建有会馆、寺庙 108 座，被誉为“明清古建筑博物馆”。会泽是中国会馆最多的县城，有“钱王之乡”“会馆之都”的美誉。

【水城扩红文化生态园位列全国百名红色旅游经典景区】2005 年 2 月，国家旅游局发布全国百名红色旅游经典景区名录，会泽水城扩红生态园位列榜首。

【会泽 3 乡镇列为云南旅游小镇】2005 年 8 月 8 日，云南省确定 60 个旅游小镇，会泽金钟镇、娜姑镇、雨碌乡名列其中。

【娜姑镇白雾村荣获中国历史文化名村称号】2005 年 11 月 12 日，娜姑镇白雾村荣获全国第二批历史文化名村称号。白雾村属省级历史文化名镇娜姑镇的核心保护区，保护规划面积 0.53 平方公里，街面马店、青楼、驿站等各类店铺，典型民居鳞次栉比。

【国家三个体育训练基地落户会泽】2007 年 1 月 26 日，毛家村水库正式成为国家赛艇高原训练基地，2007 年 12 月 20 日，会泽县人民政府获国家体育总局水上运动中心颁发的集体突出贡献奖；2009 年 6 月 29 日，会泽县中长跑运动学校入选国家田径中长跑奥林匹克后备人才基地，12 月 30 日，“国家奥林匹克高水平后备人才基地”揭牌仪式在会泽县运动学校举行，会泽是全国县级城市第一家体育项目国家级双基地。会泽还是云南省小康体育特色县，会泽体育事业的发展在全国有相当的影响力，累计向省、市输送中长跑、竞走优秀体育人才 300 余人，会泽籍运动员在国际国内大赛中获得国际级冠军 5 个，亚军 4 个，季军 4 个；亚洲级冠军 7 个，国家级冠军 60 余个。形成了中国田径的“会泽帮”，竞技体育中独特的“会泽现象”。

【中国铁胆石之乡——驾车乡】2009 年 2 月 22 日，中国铁胆石之乡云南会泽铁胆石现场研讨会在会泽县驾车举行，驾车乡是铁胆石原产地之一，目前仅东川、会泽等少数地方发现铁胆石。“铁胆石”与普洱茶、古滇国“牛虎铜案”、建水紫陶，成为地道的云南标签。会泽被命名为云南七大赏石之乡之一，会泽铁胆石成为云南五大名石之一。

【会泽：中国第 121 座历史文化名城】1995 年，会泽古城被列为云南省级历史文化名城。是云南省15座文化名城之一，曲靖市唯一的一座历史文化名城。为实现“文化旅游名县”的战略目标，会泽县于2010年启动国家历史文化名城申报工作。会泽县因历史悠久，遗存丰富，街区集中成片，古城传统格局和风貌保存完整，历史地位突出，2013年5月22日，被国务院列为国家级历史文化名城。至此，会泽成为中国第121座国家级历史文化名城。

【大海草山：创建为国家4A级旅游景区】大海草山景区2002年正式对外开放，累计投入资金5000余万元，2014年7月2日成功创建为国家4A级旅游景区。

【会泽文化走出国门】2013年10月31日至11月2日，由中国对外文化集团公司、法中文化艺术交流中心、法国枫丹白露市政府、戴高乐基金会共同举办的“美丽中国——中国城市文化风情展”大型文化交流活动在法国巴黎卢浮宫举行，会泽应邀参加，首次走出国门宣传推介，3万余中外人士参观了会泽展馆。

【城市优美宜居】中华人民共和国成立初期，会泽县城保持了古城的传统风貌。20世纪50年代，拆除了会泽古城城墙和城门楼；80年代，建设了县城东、西直街，钟屏大街，奠定了城市发展基础。1999年，建成11.2千米长的县城通宝路，连通东、西直街，拉开了城市构架。2002年，修建了会泽县体育馆。2004年，新建的会泽公园及政府办公大楼正式启用，成为了新城区的地标。按照保护、整治、利用并举的原则，筹资1亿多元，对古城进行保护开发，完成了老街青石铺路，近年来投资近5000多万元对会泽古城寺庙进行了保护修复。2011年，县城瑞祥路修建完工，扩大了县城建成区面积。随着者海、待补、娜姑、迤车、大桥等小集镇的建成，绿化遍布城乡，城市清爽干净，商贸繁荣便捷。

1950年，会泽县城建成区0.4平方千米，城镇化率为4.8%。经过60多年的发展，县城建成区增至14平方千米，城镇化率增至2016年的37.5%。2008以来，会泽县以打造“园林、生态、文明、宜居”优秀旅游城市为目标，大力实施县城绿化、硬化、美化、亮化、净化五大工程。2010年12月，云南省人民政府正式命名会泽县城为“云南省园林县城”。2006年2月23日，大桥黑颈鹤自然保护区被国务院命名为国家自然保护区。2010 年 11 月 2 日，会泽县管道燃气工程举行点火仪式，会泽管道燃气的开通，结束了会泽没有管道天然气的历史，成为全省县级城市中首家开通天然气的县。

参考文献

［1］卞伯泽．会泽文化之旅·会馆文化上下［M］．昆明：云南人民出版社，2011.

［2］杜奎昌辑注．唐继尧护国讨袁文稿［M］．昆明：云南人民出版社，2005.

［3］方国瑜主编．云南史料丛刊［M］．昆明：云南大学出版社，1998.

［4］冯骥才．古风·老会馆［M］．北京：人民美术出版社，2003.

［5］会泽县文化局．会泽民族民间传统文化［M］．昆明：云南美术出版社，2007.

［6］李春龙，牛鸿斌校注．新纂云南通志［M］．昆明：云南人民出版社，2007.

［7］李世沛．唐继尧诗详注通解［M］．昆明云南人民出版社，2015.

［8］李世沛．会泽文化管窥［M］．昆明云南

人民出版社，2013年.

[9]李学勤，何承伟.话说中国[M].上海：上海文艺出版社，2004.

[10]梁晓强校注.东川府志·东川府续志[M].校注本.昆明：云南人民出版社，2006.

[11]刘尧汉，卢央.文明中国的十月太阳历[M].昆明：云南人民出版社，1986.

[12]潘先林，张黎波.天南电光·辛亥革命在云南[M].昆明：云南人民出版社，2011.

[13]陶正明，梅世彬.会泽县文物志[M].昆明：云南美术出版社，2007.

[14]王日根.中国会馆史[M].上海：东方出版中心，2007.

[15]王水乔，刘大伟.护国文献史料汇编[M].昆明：云南人民出版社，2015.

[16]尹正祥.会泽娜姑·万里京运第一站[M].昆明：云南美术出版社，2007.

[17]杨兆钧主编.云南回族史[M].昆明：云南民族出版社，1989.

[18]云南省会泽县志编纂委员会编纂.会

泽县志［M］.昆明：云南人民出版社，1993.

［19］云南各族古代史略编写组.云南各族古代史略［M］.昆明：云南人民出版社，1997.

后　记

《云南史话·地方系列》是云南省社科联组织全省有关专家学者编辑出版的系列丛书。会泽作为云南省历史文化名城，中国第121座历史文化名城被列入了首批编撰计划。

《云南史话·地方系列》是中国史话的组成部分，《会泽史话》是《云南史话·地方系列》的一个篇章，是了解会泽历史文化、山川风物、风土人情的一本知识性普及读物。在撰写时力求突出内容的丰富性，事件和人物的真实性，兼具学术性、知识性和趣味性。全书分为“富饶之地”“岁月沧桑”“人物春秋”“文化浏览”“名城名村”“现代风貌”6个部分，共计13.5万字，图片30幅。

“美成在久”，语出《庄子·人间世》。大意是说，成就好事情不在一时，要付出长久的努力，它蕴含了丰富的哲学理念和文化韵味。《会泽史话》的编撰出版，只不过是开启了了解地理会泽、历史会泽、文化会泽、名城会泽、发展会泽的一扇窗口。会泽历史悠久，文化厚重，是一座富矿，需要越来越多的人们倾尽心力，长期坚持不懈，挖掘整理。滴水可穿石，薄发需厚积。此次《会泽史话》的编著出版，只不过迈出了第一步。期待越来越多关于会泽的选题纳入重点图书出版项目，通过这个平台的展示，持续不断提高会泽的知名度和影响力。

2016 年 7 月，在接到云南省社科联和曲靖市社科联执笔撰稿的通知后，我便投入了紧张忙碌之中，牺牲双休日和节假日，甚至利用晚上的时间构思、撰写。本书编著历时一年，时间紧促，遗误难免，尚望专家，不吝指正。

陈　晋